L'histoire de France
est un jeu

Dans la série mémo

Jean-Michel Dequeker-Fergon

L'histoire de France est un jeu

100 jeux pour re-visiter
les grandes dates de l'Histoire

Librio

Inédit

La collection « ... est un jeu » est dirigée par Pierre Jaskarzec.

Pour Édouard, pour Adèle et pour ***

L'auteur tient ici à remercier Jean-Claude Philippet et Xavier Cuénin pour leur relecture attentive et judicieuse.

Sommaire

Introduction

Une histoire de France en moins de cent pages...

Les plus tristes s'indigneront en pensant à une supercherie ; les esprits moins chagrins souriront en croyant à une plaisanterie. Mais ceci n'est qu'un jeu. Et l'on sait que les jeux les plus longs ne sont pas forcément les plus captivants.

Tout jeu a néanmoins ses règles. On a privilégié ici l'ordonnancement chronologique des faits et le court récit des grands « événements », en cherchant à offrir au lecteur ce qui – il n'y a pas si longtemps – était présenté dans les écoles comme les temps forts d'une mémoire « nationale ».

Gardons-nous de croire que nos grands-parents ou nos arrière-grands-parents maîtrisaient beaucoup mieux les grandes dates de leur histoire que ne le font aujourd'hui nos jeunes contemporains. Ne pleurons pas sur le niveau qui baisserait : nos aïeux aussi « séchaient » souvent sur « 1515, Marignan », ou sur les différentes assemblées qui se sont succédé pendant la Révolution... Au moins leurs livres de classe cherchaient-ils à scander le temps, à leur offrir des points de repère sans lesquels les informations se superposent dans la plus grande anarchie.

Le temps a passé de la remise en question de la chronologie au nom d'une pédagogie refusant le « par cœur », la récitation. L'histoire ne saurait certes se résumer à une succession de dates ; inversement, sans une certaine maîtrise de celles-ci, comment mettre un peu d'ordre dans ses idées ?

On a voulu ici prioritairement évoquer les grandes figures de notre histoire, de Vercingétorix à de Gaulle ; on a porté l'accent sur les principales étapes de la naissance de la nation, de la genèse et de l'affirmation de l'État, de l'enracinement de la République. Certes, privilégier ainsi l'histoire politique conduit à laisser de côté les aspects économiques et sociaux. Le choix est sans doute discutable, mais le format du livre l'exigeait.

Au moins chacun pourra-t-il retrouver dans ce très court ouvrage, au gré de son vagabondage, des événements dont il a connu jadis l'existence avant de les enfouir dans les recoins les plus cachés de sa mémoire, des hommes et des femmes dont le nom lui évoque plus ou moins quelque chose sans savoir exactement pourquoi.

Laissez-vous guider par le caractère ludique de ces quelques chapitres. Oubliez les sueurs froides qui vous guettaient à l'heure de la récitation de la sacro-sainte et terrifiante leçon d'histoire ; ne craignez plus le trou de mémoire pendant le « contrôle ». Vous peiniez à apprendre ? Eh bien, jouez maintenant...

Pour ceux qui veulent en savoir plus, beaucoup plus, voici quelques ouvrages de référence :

Histoire de France Hachette en 5 volumes, de Georges Duby, Emmanuel Le Roy Ladurie, François Furet et Maurice Agulhon, Hachette, 1987-1997.

Dictionnaire de l'histoire de France, sous la direction de Jean-François Sirinelli, Larousse, 2006.

1515 et les grandes dates de l'histoire de France revisitées par les grands historiens d'aujourd'hui, sous la direction d'Alain Corbin, Seuil, 2005.

Jean-Michel DEQUEKER-FERGON

1

Nos ancêtres les Gaulois

Les origines de la France

On connaît la célèbre formule du général de Gaulle : « Je me suis toujours fait une certaine idée de la France. » Mais quelle idée au juste se faisait-il des *origines* de la France ? Où le chef de la France libre plaçait-il le point d'ancrage de notre histoire, lui qui déclarait à quelques semaines de distance : « Français ! Ah, Français ! *il y a quinze cents ans* que la patrie demeure vivante dans ses douleurs et dans ses gloires » (Alger, le 14 juillet 1943) ; puis, « *vingt siècles* peuvent attester qu'on a toujours raison d'avoir foi en la France » (Alger, 3 novembre 1943). Devenu président de la République, il s'est expliqué sur ces flottements chronologiques. Dans notre premier jeu, retrouvez les mots du Général, puis lancez-vous sur les traces de « nos ancêtres les Gaulois ».

1. Prenez des accents gaulliens ! Complétez ces mises au point du général de Gaulle en écrivant le nom des deux grandes figures historiques qui sont à ses yeux les héros fondateurs de la France : « Vingt siècles, c'est............ : il a été le premier résistant de notre race. Quinze siècles, c'est........ , en mariant la Gaule romaine et le christianisme, le roi des Francs a vraiment créé la France. »

2. L'histoire de France commencerait par une défaite militaire. Cette défaite porte le nom de :
❒ Gergovie ☒ Alésia ❒ Bibracte

3. En quelle année cet événement « fondateur » s'est-il déroulé ?
❒ 58 avant J.-C. ☒ 52 avant J.-C. ❒ 46 avant J.-C.

4. La Gaule conquise par César porte le nom étrange de « Gaule chevelue ». Une seule des deux explications suivantes est la bonne. Laquelle ?

a. L'expression « Gaule chevelue » est une allusion aux cheveux longs que portaient les Gaulois de la partie non romanisée.
b. L'expression s'explique par la vaste étendue de forêts qui recouvre la Gaule.

5. Située à la confluence de deux fleuves, fondée en 43 avant J.-C., je suis devenue à l'instigation d'Auguste la capitale des Trois Gaules. Un empereur romain est né ici. Lieu privilégié de diffusion du christianisme – mais aussi de sa persécution –, je suis appelée à devenir la métropole de cette nouvelle religion. Qui suis-je ?

6. Les Gaulois doivent subir la loi du conquérant en même temps qu'ils se coulent dans la civilisation romaine. Mais plusieurs siècles auparavant, les Grecs avaient eux aussi laissé leur marque en fondant un port en Gaule. Il s'agit de :
☐ Marseille   ☐ Toulon   ☐ Bordeaux

7. La fameuse *pax romana* (paix romaine) ne s'est pas maintenue sans troubles, comme l'attestent les rébellions gauloises. Mais la Gaule romaine va surtout trembler devant ce que l'on appelle traditionnellement les « invasions barbares », en fait la pénétration et l'installation de peuples venus d'outre-Rhin. Parmi les peuples suivants, lequel n'appartient pas au monde germanique ?
☐ Wisigoths   ☐ Ostrogoths   ☐ Vandales   ☐ Burgondes
☐ Huns   ☑ Francs

8. Voici quatre événements à relier à la bonne date :

31 décembre 406 •   • Les Huns sont battus par l'armée romaine
451   •   • Clovis vainc le général romain Syagrius, à Soissons
476   •   • Fin de l'Empire romain en Occident
486   •   • Des bandes de Suèves, d'Alains et de Vandales passent le Rhin et ravagent la Gaule

9. Parmi les affirmations suivantes, une seule est vraie, laquelle ?

✗ **a.** Sainte Geneviève a arrêté les Huns devant Paris.

b. Mérovée, grand-père de Clovis, a remporté contre les Huns la bataille des champs Catalauniques.

c. Childéric, père de Clovis, était un roi franc fortement romanisé.

10. Indiquez le mot qui manque dans cette célèbre formule historique : « Souviens-toi du... de Soissons. »

☐ crâne ☒ vase ☐ piège

11. « Dieu de Clotilde, si tu me donnes la victoire, je croirai en toi et je me ferai baptiser en ton nom. » Telles seraient les paroles proférées par Clovis lors de la bataille de Tolbiac contre les Alamans. Mais qui était Clotilde ?

☐ sa sœur ☐ sa mère ☐ sa femme

12. « Le bon roi Dagobert
Avait sa culotte à l'envers ;
Le grand saint Éloi lui dit :
"Ô mon roi,
Votre Majesté
Est mal culottée.
– C'est vrai, lui dit le roi,
Je vais la remettre à l'endroit." »
Ainsi commence une chanson fameuse. Mais Dagobert et saint Éloi ont-ils réellement existé ?

a. Oui, les deux ont existé.

✗ **b.** Un seul a existé.

c. Non, aucun n'a existé.

Réponses

1. Vercingétorix ; Clovis.

2. Alésia (aujourd'hui Alise-Sainte-Reine, en Bourgogne).

Jules César a organisé une formidable circonvallation[1] autour du plateau où s'est retranchée l'armée gauloise. À Gergovie, quelques mois plus tôt, Vercingétorix avait remporté une belle victoire. Bibracte, capitale des Éduens, est, quant à elle, l'une des villes gauloises fortifiées (*oppida*) les plus importantes.

3. 52 avant J.-C.

58 avant J.-C. marque le début de la guerre des Gaules entreprise par Jules César. On sait que le général, à des fins de propagande personnelle, a choisi d'en raconter l'histoire. 46 est la date de la célébration de son triomphe à Rome : lors de cette cérémonie, Vercingétorix est exhibé derrière le char de son vainqueur, avant d'être étranglé dans sa cellule.

4. b. L'expression s'explique par la vaste étendue de forêts qui recouvre la Gaule.

La Gaule Chevelue, conquise par César, se partage en trois provinces : l'Aquitaine, la Lyonnaise et la Belgique. Elles s'ajoutent à la Gaule Transalpine, déjà romanisée, bientôt désignée comme la Narbonnaise (du nom de sa capitale fondée en 118 av. J.-C.).

5. Lyon (Lugdunum).

L'empereur Claude y est né. Aujourd'hui encore, l'archevêque de Lyon est primat des Gaules.

6. Marseille (Massilia).

Des colons grecs de Phocée (Asie Mineure) ont fondé le comptoir de Marseille vers 600 avant J.-C. La prospérité de ce centre commercial est indéniable, mais la ville est davantage tournée sur la Méditerranée que vers l'intérieur des terres. L'influence grecque en Gaule ne saurait rivaliser avec celle de Rome.

---

1. Cette ligne de fortification était double, destinée d'une part à empêcher les Gaulois de tenter une sortie, de l'autre à briser toute offensive entreprise par une armée de secours.

7. Huns.

Les Huns, dont les origines ne sont pas clairement attestées, sont un peuple venu d'Asie. Tous les autres appartiennent au monde germanique. La pression des premiers pousse les seconds vers l'ouest. Situation complexe : on trouve des barbares burgondes ou wisigoths dans les armées romaines de Gaule ; d'autres combattent auprès des Huns.

8.

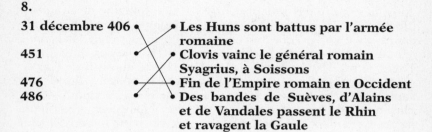

31 décembre 406	**Les Huns sont battus par l'armée romaine**
451	**Clovis vainc le général romain Syagrius, à Soissons**
476	**Fin de l'Empire romain en Occident**
486	**Des bandes de Suèves, d'Alains et de Vandales passent le Rhin et ravagent la Gaule**

Le 31 décembre 406, des bandes de Suèves, d'Alains et d'autres peuples franchissent le Rhin et parcourent la Gaule pendant trois ans avant de se diriger pour certains vers l'Espagne.

En 451, le chef hun Attila est vaincu non loin de Châlons-en-Champagne (champs Catalauniques) par l'armée romaine d'Aetius, épaulée par des contingents barbares. Les Huns repassent le Rhin.

En 476, le dernier empereur romain en Occident, Romulus Augustule, est déposé, mais l'importance de l'événement est toute relative tant l'autorité impériale était affaiblie. La fin de l'empereur ne signifie pas, du reste, la fin de la romanité : dans le Bassin parisien, subsiste ainsi l'armée du général Syagrius. Jusqu'à ce qu'en 486 elle soit défaite par Clovis et ses Francs, à Soissons.

9. c. Childéric, père de Clovis, était un roi franc fortement romanisé.

Childéric, roi des Francs saliens, est inhumé à la fois comme un chef franc, auprès de ses chevaux et de ses armes, et comme un haut dignitaire romain ainsi que l'atteste son costume pourpre.

Sainte Geneviève a certes la réputation d'avoir sauvé la population parisienne des terribles Huns, mais Attila et ses hommes n'ont jamais voulu prendre la ville ! Le rôle de cette jeune femme, issue de l'aristocratie foncière gallo-romaine, est surtout d'avoir rassuré les habitants, de les avoir incités à ne pas fuir. C'est dans la basilique des Saints-apôtres-Pierre-et-Paul, édifiée à l'instigation de

Clovis, qu'elle repose. Pendant des siècles, elle sera réputée accomplir des miracles.

L'existence de Mérovée n'est pas attestée. Mais la dynastie des rois qui succèdent à Childéric et Clovis porte le nom de cet ancêtre sans doute mythique (Mérovingiens).

10. Vase.

Cette affaire est censée se dérouler vers 486, près de Soissons, après la victoire des Francs contre l'armée romaine de Syagrius. Clovis n'est pas encore converti au christianisme mais il accepte de restituer à un évêque l'un des vases liturgiques confisqués dans le butin des Francs. D'après la légende, rapportée par Grégoire de Tours, le roi des Francs se serait alors heurté au refus de l'un de ses hommes qui aurait brisé le vase. Pour se venger, l'année suivante, Clovis lui fracasse la tête de sa hache en s'écriant : « C'est ainsi que tu as fait à Soissons avec le vase. » La valeur symbolique de cet événement, souvent rapporté avec ces mots (« Souviens-toi du vase de Soissons »), renseigne à la fois sur la coutume franque (partage égal du butin, droit de vie et de mort sur les guerriers) et sur la volonté du roi des Francs de se concilier l'Église.

11. Sa femme.

Clotilde est une princesse burgonde catholique. Le récit de cette conversion à l'occasion de la bataille, telle que la relate le chroniqueur Grégoire de Tours, est sujet à caution : il rappelle trop celui de la conversion au christianisme de l'empereur Constantin. Reste qu'à la fin du Ve siècle – peut-être un peu plus tard – Clovis et ses guerriers reçoivent effectivement le baptême. « Dépose humblement tes colliers, Sicambre, brûle ce que tu as adoré, adore ce que tu as brûlé » : ainsi saint Remi se serait-il adressé à Clovis lors de ce baptême par immersion, soulignant l'abandon par le roi franc de ses amulettes païennes. Indéniablement, le choix politico-religieux du roi franc est habile : en épousant la cause du catholicisme et non, comme d'autres rois barbares, celle de l'hérésie arienne, il gagne le soutien du clergé chrétien et des élites gallo-romaines.

12. a. Oui, les deux ont existé.

Dans l'histoire des Mérovingiens, Dagobert (629-639) et son père Clotaire II (584-629) occupent une place privilégiée. Tous deux ont régné sur l'ensemble de la Gaule, après une longue période de divisions, de guerre civile et d'assassinats. La tradition imposait, en effet, le partage du *regnum Francorum* (royaume franc) entre les fils du souverain défunt. On imagine les rivalités familiales qui

pouvaient naître de cette conception patrimoniale du royaume...
Les règnes de Clotaire II et de Dagobert marquent un temps de
pause dans cette histoire ponctuée de meurtres. Dagobert est, par
ailleurs, le premier roi qui décide d'être enseveli dans l'abbaye de
Saint-Denis, appelée à devenir l'un des hauts lieux de la monarchie
française. La présence, aux côtés de Dagobert, de saint Éloi, à la
fois ministre et évangélisateur, témoigne, quant à elle, des liens
étroits tissés entre le pouvoir royal et l'Église.

2

Le premier « grand Charles »

Des Carolingiens aux Capétiens

La barbe fleurie relève de la légende mais l'homme est une sorte de force de la nature : 1, 90 mètre environ, une charpente solide, un ventre un peu proéminent mais de la robustesse et une santé de fer. Charlemagne reste dans les mémoires pour avoir construit un Empire, à cheval sur le Rhin, une sorte de préfiguration de l'Europe à venir. Cette construction politique est certes bien fragile ; elle se disloque bientôt sous l'effet des partages, des invasions et des ambitions des grands. Partez en campagne contre les Saxons aux côtés de l'empereur et servez-le ; peut-être fera-t-il de vous l'un de ses comtes ou l'un de ses *missi dominici* chargés de les surveiller.

1. Tous les écoliers l'ont appris : en 732, Charles Martel défait les Arabes à Poitiers et stoppe leur progression en Gaule.
   a. La bataille de Poitiers ne s'est pas déroulée à Poitiers.
   ❐ vrai ❐ faux
   b. Les Arabes voulaient conquérir l'Aquitaine.
   ❐ vrai ❐ faux

2. Qui est le premier roi carolingien ?
   ❐ Charlemagne ❐ Pépin le Bref ❐ Charles Martel

3. Les indices suivants doivent vous mettre sur la voie d'une bataille. Laquelle ?
   Un ennemi qui n'est pas celui que l'on croit – un héros à l'identité bien mal connue – une arme légendaire – un instrument de musique – un best-seller – une date : 15 août 778.

4. Le 25 décembre 800, dans la basilique Saint-Pierre à Rome, Charlemagne est couronné empereur par le pape.
Il a choisi de faire de la capitale de la chrétienté celle de son Empire. Vrai ou faux ?
❏ vrai ❏ faux

5. On connaît la chanson qui fait de Charlemagne l'inventeur de l'école. Est-ce vrai ou est-ce une idée folle ?
❏ c'est vrai ❏ c'est faux

6. En 843, les petits-fils de Charlemagne, Charles le Chauve, Louis le Germanique et Lothaire, concluent un accord. De quoi s'agit-il ?
❏ de l'organisation d'une campagne militaire conjointe
❏ d'un partage de l'Empire carolingien
❏ d'un tirage au sort du titre impérial

7. Le 11 septembre 909, est fondée une abbaye dont le renom sera extraordinaire. Il s'agit de :
❏ Cluny ❏ Cîteaux

8. Les raids scandinaves terrorisent les populations dans l'espace carolingien.
a. Les drakkars vikings assiègent Paris en 885.
❏ vrai ❏ faux
b. Le roi Charles le Simple choisit de négocier avec l'envahisseur en 911.
❏ vrai ❏ faux

9. En 987, Hugues Capet devient roi.
a. Son surnom donnera l'expression « de cape et d'épée ».
❏ vrai ❏ faux
b. Pour devenir roi, il a éliminé le dernier souverain carolingien.
❏ vrai ❏ faux
c. Son règne a duré quarante-trois ans.
❏ vrai ❏ faux

10. Y a-t-il eu une peur de l'an mille ?
❏ oui ❏ non

Réponses

1. a. vrai. b. faux.

La bataille s'est déroulée entre Poitiers et Tours, ville dont les troupes arabes voulaient piller le riche monastère de Saint-Martin. Contrairement à ce qui fut écrit plus tard, les Arabes ne sont pas entrés en Gaule avec femmes et enfants dans le but de prendre possession du territoire ; leur raid ne saurait être identifié à une invasion. Les Carolingiens comprendront vite ce qu'ils ont à gagner à célébrer l'événement et à lui donner un fort retentissement : Charles Martel se trouvait manifestement investi de la faveur divine...

2. Pépin le Bref.

Charles Martel ne fut jamais roi mais il a exercé la réalité du pouvoir en tant que maire du palais. Son fils Pépin (dit le Bref, sans doute à cause de sa petite taille) décide de déposer le roi mérovingien Childéric qui est envoyé dans un monastère. Et il se fait élire « roi des Francs » par une assemblée de grands du royaume à Soissons ; alors « les évêques présents l'oignirent du saint chrême ». Trois ans plus tard, nouvelle cérémonie : c'est le pape Étienne lui-même qui sacre cette fois Pépin. Cette nouvelle pratique, qui puise ses racines dans l'Ancien Testament, marque que le roi se trouve investi d'un pouvoir surnaturel, qu'il tient directement de Dieu. Il n'est plus un simple laïc.

3. Bataille de Roncevaux.

Au retour d'une expédition malheureuse en Espagne, marquée par un échec devant Saragosse, l'arrière-garde de l'armée de Charlemagne est assaillie par des Basques et anéantie. C'est *La Chanson de Roland*, composée vers la fin du XIe siècle, qui donnera à ce revers militaire un extraordinaire retentissement. Non sans le modifier puisqu'elle substitue les Sarrasins à l'assaillant basque. Quant à Roland, parent de Charlemagne, il est érigé en héros alors qu'on ne connaît rien de lui. En cette fin du XIe siècle qui marque le début de la croisade, il est de circonstance d'exalter la lutte des chrétiens contre les musulmans et de magnifier le combat qu'elle suscite, dans des scènes restées fameuses : Roland, armé de Durandal, sa merveilleuse épée ; Roland sonnant de son cor d'ivoire pour appeler au secours, avant d'expirer dans la brèche de Roncevaux.

4. Faux. (Il a fixé sa capitale à Aix-la-Chapelle.)
Selon le chroniqueur Éginhard, Charles « ne serait pas entré ce jour-là dans l'église s'il avait pu prévoir les intentions du souverain pontife ». Serait-il devenu empereur malgré lui ? C'est tout à fait improbable. Mais Éginhard se souvient de la tradition qui voulait que les nouveaux empereurs romains affectent de refuser la dignité impériale. Un refus simulé, mais qui répétait le geste d'Octave feignant de ne pas vouloir accepter les pouvoirs extraordinaires que le Sénat lui accordait. En outre, prétendre que Charles était irrité revient à ménager la cour byzantine : n'est-ce pas en Orient que se trouve en principe le seul empereur, l'héritier de cet Empire romain que Charles entend à présent restaurer en Occident ?

5. C'est faux.
Mais ce n'est pas pour autant sans raison que l'école républicaine s'est évertuée à diffuser l'image d'un Charlemagne veillant à l'instruction des jeunes enfants, rendant visite aux écoliers, leur prodiguant admonestations et conseils. Il y a bien une restauration des écoles sous son règne. Il s'agit de former le clergé, pour un meilleur encadrement des fidèles, et les fonctionnaires, pour une administration plus efficace, à l'heure du renouveau de l'écrit, nécessaire à la diffusion des instructions impériales.

6. D'un partage de l'Empire carolingien (en trois royaumes).
Seul le hasard a évité la partition de l'Empire de Charlemagne lorsque ce dernier est mort en 814 : de ses héritiers ne survivait que Louis le Pieux qui endosse donc alors tout l'héritage. Mais lorsque lui-même trépasse, ses fils entrent en rivalité, Charles et Louis n'hésitant pas à s'allier (serments de Strasbourg en 842) contre l'aîné Lothaire. Les trois frères s'entendent finalement. À Charles échoit la Francie occidentale (la frontière en est fixée aux quatre rivières, l'Escaut, la Meuse, la Saône et le Rhône). À Louis revient la Germanie, outre-Rhin. Entre les deux s'étendent les territoires dévolus à Lothaire (d'où le nom de Lotharingie) qui garde le titre impérial. On a dit souvent que ce partage préfigurait l'Europe. Il dessine en tout cas des frontières appelées à susciter bien des conflits jusqu'au XXe siècle.

7. Cluny.
Fondée, près de Mâcon, en Bourgogne, l'abbaye de Cluny s'impose comme l'un des foyers de renouveau du monachisme, non seulement en France mais dans tout l'Occident. Les moines,

qui suivent la règle de saint Benoît, mettent l'accent sur l'office divin et l'intercession pour les défunts : l'abbé Odilon décide ainsi que le 2 novembre « tous les fidèles défunts qui ont vécu depuis l'origine du monde » seront commémorés. Cette fête est bientôt célébrée dans toute la chrétienté.

Cîteaux est fondée beaucoup plus tard, en 1098. L'établissement, qui s'élève près de Dijon, réunit alors des moines qui entendent vivre la règle de saint Benoît de manière plus rigoriste. Face au luxe clunisien, ils prônent l'austérité et l'ascèse. Très vite se constitue autour de Cîteaux une vaste congrégation dont le succès tient pour une grande part à l'autorité et à l'immense prestige de saint Bernard.

8. a. vrai ; b. vrai.

Pour s'être illustré lors de la défense de la ville, Eudes, comte de Paris, acquiert un grand prestige qui lui vaudra un peu plus tard le titre de roi des Francs.

Son successeur, le roi carolingien Charles III le Simple, signe en 911 un accord (« traité » de Saint-Clair-sur-Epte) avec le chef viking Rollon. Ce dernier accepte de se convertir au christianisme et, moyennant la reconnaissance de sa vassalité, se voit concéder un territoire centré sur Rouen et la basse vallée de la Seine. Telle est l'origine de la Normandie. Après des décennies de raids vikings, le royaume renoue avec la paix et la sécurité.

9. a. faux ; b. faux ; c. faux.

Le surnom d'Hugues Capet vient peut-être de la *capa*, la chape de saint Martin (Hugues était abbé laïque de l'abbaye Saint-Martin de Tours). Quoi qu'il en soit, il désignera la dynastie appelée à régner sur la France jusqu'au XIXᵉ siècle : les Capétiens. Avant Hugues, d'autres membres de sa famille ont porté le titre royal (Eudes, Robert). Mais la couronne finissait par revenir aux Carolingiens. Le dernier d'entre eux, Louis V, meurt en 987, dans un accident de chasse. À l'instigation de l'archevêque de Reims Adalbéron, Hugues est élu par les grands réunis en assemblée, et il est sacré. Quelques mois plus tard, pour renforcer sa position, il décide d'associer son fils Robert le Pieux au trône. Une façon de donner droit au principe successoral dans un contexte où le roi n'est guère encore qu'un grand parmi les grands. Hugues meurt en 996 mais son fils règne jusqu'en 1031.

10. Non.

Un moine comme Raoul Glaber souligne les maux qui frappent l'humanité, afin de rappeler qu'il s'agit de signes que Dieu adresse aux hommes pour leur donner à voir leurs fautes. Il n'annonce pas pour autant la fin du monde. L'inquiétude étreint sans doute les hommes, mais il n'y a pas de terreur, pas de peur panique aux alentours de l'an mille. Le temps est bien plutôt à la construction d'églises, au rassemblement des hommes dans les villages ainsi qu'autour des nouveaux châteaux qui s'édifient dans tout l'Occident.

3

Le sceptre, l'épée et la croix

La construction capétienne

Partout se dressent des châteaux, à l'origine de simples mottes ceintes de palissades et de fossés. Turbulence de ce monde cloisonné : la guerre est la raison d'être des chevaliers. L'Église comme la monarchie capétienne travaillent à canaliser cette violence, à établir un peu d'ordre. Guerroyez, tournoyez, festoyez ; partez délivrer le tombeau du Christ, tombé aux mains des Infidèles. Mais peut-être préférerez-vous le calme du cloître d'un monastère ? À moins que vous ne preniez l'habit de l'un de ces nouveaux ordres religieux qui éclosent en Occident ? Quel que soit votre choix, souvenez-vous que sonnera l'heure du Jugement.

1. Voici quelques définitions. Retrouvez le mot ou l'expression qui leur correspondent parmi ceux qui sont proposés.

a. Serment par lequel celui qui s'engage promet de n'attaquer ni l'homme d'Église ni le paysan, ni le serviteur ou le marchand, de ne saccager ni la vigne du voisin ni le moulin, de ne pas dérober de bétail et de ne pas brûler les maisons ou les églises :
☑ paix de Dieu ☐ trêve de Dieu

b. Cérémonie lors de laquelle un homme libre s'engage auprès d'un autre, le seigneur, dans les mains duquel il met ses propres mains ; il s'engage à le servir :
☐ hommage ☑ hommage lige

c. Cérémonie par laquelle un chevalier ayant accompli son apprentissage militaire se voit remettre ses armes :
☐ adoubement ☐ colée

2. Ces cinq indices doivent vous aider à identifier un célèbre personnage. Lequel ?
Une broderie – le Val-ès-Dunes – Hastings – falaise – Manche.

3. À Clermont, le 27 novembre 1095, le pape Urbain II lance cet appel : « Je vous prie et exhorte, comme hérauts du Christ, les pauvres comme les riches, de vous hâter de chasser cette vile engeance[1] des régions habitées par nos frères et d'apporter une aide opportune aux adorateurs du Christ. » D'où veut-il chasser les Turcs ?
☐ Constantinople ☑ Jérusalem

4. De qui Aliénior d'Aquitaine fut-elle l'épouse ?
☐ Louis VII ☑ Henri II ☐ les deux

5. Le 27 juillet 1214, le roi de France remporte une retentissante victoire à Bouvines. De quel souverain s'agit-il ?
☐ Louis VII ☑ Philippe II Auguste ☐ Louis VIII

6. Voici quatre indices pour identifier un événement du XIIIe siècle. Lequel ?
Croisade – hérésie – comté de Toulouse – Simon de Montfort.

7. En 1215, dans le Sud de la France, un chanoine décide de créer un nouvel ordre religieux, très rapidement approuvé par le pape. De quel ordre s'agit-il ?
☑ les franciscains ☐ les dominicains

8. Reliez les faits suivants aux dates qui leur correspondent :

1226 •	• Grande ordonnance de réforme
1242 •	• Mort de Louis VIII
1248 •	• Embarquement pour la croisade à Aigues-Mortes
1254 •	• Batailles de Taillebourg et de Saintes
1259 •	• Huitième croisade
1270 •	• Canonisation de Louis IX
1297 •	• Traité de paix avec l'Angleterre

---

1. Il désigne ainsi les Turcs Seldjoukides.

Réponses

1. a. paix de Dieu ; b. hommage ; c. adoubement.
Dès le xe siècle, la multiplication des guerres privées et la montée des violences engendrent une aspiration à la paix dont l'Église se fait le héraut et le garant. À cette paix de Dieu s'ajoute au xie siècle la trêve de Dieu qui proscrit le combat certains jours. Le concile de Nice, en 1041, impose ainsi de suspendre les hostilités du mercredi soir au lundi matin.
Le vassal qui prête hommage, après avoir placé ses mains dans celle de son *dominus*, s'engage auprès de celui-ci par un serment de fidélité. En échange, le seigneur, en tant que suzerain, doit lui assurer protection et lui accorder un fief, généralement un bien foncier dont ce dernier percevra les revenus. Comme un vassal peut prêter plusieurs hommages, il a été nécessaire de distinguer l'un d'entre eux : c'est ce que l'on appelle la « ligesse ». Et bien entendu, le roi tend à exiger de ses vassaux l'hommage lige.
Devenir chevalier suppose d'être suffisamment riche pour acquérir armes et monture. Parce qu'elle entend discipliner ces guerriers, l'Église s'efforce de sacraliser la chevalerie. Elle s'insinue au cœur même de la cérémonie de l'adoubement : les armes du postulant sont bénies et celui-ci ne les reçoit qu'après une veillée consacrée à la prière, et après s'être confessé et avoir communié. Il lui faut encore prêter serment de défendre l'Église et de protéger les pauvres. La colée elle-même se discipline : ce coup de poing violent asséné au futur chevalier en guise d'accueil devient imposition du plat de l'épée sur la nuque.

2. Guillaume le Conquérant.
Né à Falaise, Guillaume est un fils bâtard du duc de Normandie Robert le Magnifique, ce qui explique qu'il ait dû guerroyer pour s'imposer à la tête du duché. Avec l'aide du roi de France Henri Ier, il parvient à l'emporter à la bataille du Val-ès-Dunes et peut s'employer désormais à consolider son pouvoir. Le roi d'Angleterre Édouard le Confesseur l'ayant désigné comme son héritier, il décide en 1066 de traverser la Manche et de conquérir ce royaume qu'Harold lui dispute. Le 14 octobre, la victoire d'Hastings lui ouvre la route de Westminster, où il est couronné le jour de Noël. Le récit de cette expédition en Angleterre est raconté par une célèbre broderie (la fameuse « tapisserie de la reine Mathilde ») que l'on peut voir au centre Guillaume-le-Conquérant, à Bayeux.

3. Jérusalem.

Parmi les nombreuses troupes de croisés qui répondent à l'appel du pape, celles qu'emmène Pierre l'Ermite sont restées dans les mémoires car elles mêlaient des gens désarmés et des guerriers : cette croisade « populaire » s'achève tragiquement à Constantinople, sous les coups des Turcs. Mais les armées organisées qui vont suivre prendront Jérusalem le 14 juillet 1099. D'autres croisades se succèdent. Ainsi en 1146 : lancée par le pape Eugène III, elle est prêchée par saint Bernard à Vézelay. Le roi Louis VII prend la croix. En 1189, il s'agit de reprendre Jérusalem tombée cette fois entre les mains de Saladin. Trois grands souverains d'Occident participent à l'entreprise : le roi d'Angleterre Richard Cœur de Lion, l'empereur Frédéric Barberousse et le roi de France Philippe Auguste.

4. Les deux (Louis VII puis Henri II. Aliénor fut donc reine de France puis reine d'Angleterre).

Duchesse d'Aquitaine, Aliénor représentait un beau parti. Mais sa mésentente avec son premier époux conduisit Louis VII à convoquer un concile qui, le 21 mars 1152, prononçait l'annulation du mariage. Aliénor épouse deux ans plus tard le futur roi d'Angleterre Henri II : c'est désormais un immense ensemble féodal qui, de la Normandie à l'Aquitaine, échappe au contrôle du Capétien.

5. Philippe II Auguste.

Depuis que Philippe Auguste a conquis la Normandie en 1204, le roi d'Angleterre, Jean, n'a de cesse de tisser une alliance contre la France. Le projet prend forme et une stratégie est arrêtée : le roi Jean attaquera par l'Aquitaine et le Poitou, le comte de Flandre et l'empereur Otton IV envahiront la France par le nord. Le 2 juillet, à La Roche-aux-Moines, près d'Angers, le fils de Philippe défait l'armée anglaise qui s'enfuit sans combattre. Le 27 juillet, à Bouvines, l'armée française rencontre celle des Impériaux et des Flamands. La bataille se tient un dimanche en dépit de l'interdit ecclésiastique – mais c'est l'ennemi, dit-on, qui en a pris l'initiative. Elle dure six longues heures ; au crépuscule, Philippe est vainqueur, et cette victoire résonne comme un jugement de Dieu.

6. La croisade des Albigeois.

L'hérésie cathare est particulièrement bien implantée, en Languedoc, dans les élites urbaines comme dans la petite chevalerie. Parce que le comte de Toulouse, Raymond VI, paraît peu enclin à la traquer, le légat[1] du pape Innocent III décide de l'excommunier. Quelques mois plus tard, en 1208, l'Église lance la croisade. Raymond choisit de faire pénitence et de participer à la longue lutte qui commence alors. Une lutte aussi bien politique que religieuse, puisque nombre de nobles du Nord du royaume – parmi lesquels Simon de Montfort – ont répondu à l'appel pontifical. Lorsque, des années plus tard, s'achève la guerre, le Midi apparaît intégré au royaume capétien.

7. Les dominicains.

Le futur saint Dominique, castillan d'origine, découvre l'hérésie cathare en traversant le Languedoc. Il décide alors de renouer avec la vie des apôtres : il mène une inlassable prédication, organise des controverses publiques pour ramener les hérétiques dans l'orthodoxie religieuse, offre avec ses compagnons l'exemple d'une vie de dénuement bien éloignée du luxe de certains hommes d'Église. Afin d'élargir son action, il crée bientôt un nouvel ordre et envoie ses frères dans toute l'Europe : « Allez, comme les disciples du Christ, sans porter ni or, ni argent, confiez-vous dans le Seigneur : rien ne manquera à qui craint Dieu. » Les ordres mendiants (dominicains, franciscains, carmes ou augustins) apparaissent en un temps où l'essor urbain suppose de nouvelles formes d'encadrement des fidèles : les frères ne choisissent pas la clôture du monastère, ils ouvrent leurs maisons dans les villes ; ils y prêchent, ils y enseignent.

8.

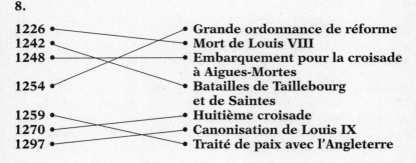

1226	Grande ordonnance de réforme
1242	Mort de Louis VIII
1248	Embarquement pour la croisade à Aigues-Mortes
1254	Batailles de Taillebourg et de Saintes
1259	Huitième croisade
1270	Canonisation de Louis IX
1297	Traité de paix avec l'Angleterre

Fils de Louis VIII et de la reine Blanche de Castille, Louis IX devient roi alors qu'il n'a que douze ans, en 1226. Aussitôt sacré à Reims, il lui faut, sous la régence de sa mère, domestiquer les

---

1. Un légat est un envoyé du pape chargé d'une mission.

grands du royaume. Par la suite encore, le roi devra prendre les armes contre une coalition de féodaux épaulés par le roi d'Angleterre : les uns et les autres sont défaits en 1242, lors des batailles de Taillebourg et de Saintes. Et le souverain parvient en 1259, par le traité de Paris, à établir la paix avec l'Angleterre. Louis IX poursuit simultanément une importante œuvre de réforme. En témoigne, parmi d'autres, la grande ordonnance de 1254 qui vise à instaurer une moralisation de l'administration du royaume : désormais, baillis et sénéchaux, prévôts et vicomtes devront assurer aux sujets une justice équitable, n'accepter aucun présent et se soumettre au contrôle des enquêteurs royaux. Le roi modernise la justice, décrète que sa monnaie seule aura cours dans tout le royaume, affirme avec éclat la souveraineté royale. Pour l'essentiel, cette grande entreprise de construction de l'État s'enchâsse entre deux croisades. Louis IX s'est embarqué une première fois à Aigues-Mortes, en 1248, pour l'Égypte et la Terre sainte ; en 1270, il gagne Tunis mais y meurt de la dysenterie. Il laisse la mémoire d'un roi pieux dont les vertus s'approchent du modèle de sainteté tel que les ordres mendiants le définissent alors. Et de fait, il est canonisé vingt-sept ans seulement après sa mort.

4

La France déchirée

Cent ans de guerre (xive-xve siècles)

Tous les maux paraissent fondre sur le royaume de France : la disette et l'épidémie, la guerre étrangère et la guerre civile. Cheminant sur les routes françaises, le poète Pétrarque se désole : « [...] régnaient partout une solitude misérable, la tristesse, la dévastation ». L'État mobilise ce qui reste des forces du royaume et poursuit sa modernisation ; la France finit par gagner son long duel avec l'Angleterre. La prospérité de la reconstruction prélude alors à la floraison de la Renaissance. Que d'épreuves aura-t-il fallu surmonter pour jouir de ce renouveau !

1. Petit-fils de Louis IX dont il obtint la canonisation en 1297, ce roi de France fut lui-même père de trois rois. Son règne est marqué par un long duel avec le pape, par l'arrestation et le procès des Templiers, et par un renforcement des structures de l'État. Qui est-il ?

2. À l'aide des indices suivants, identifiez une ville qui s'impose comme une capitale d'importance au xive siècle :
Une autre Rome – 1309-1376 – palais – Pétrarque – pape.

3. Combien d'habitants compte le royaume de France en 1328 ?
❑ 10 millions ❑ 16 millions ❑ 20 millions ❑ 30 millions

4. Laquelle de ces batailles n'eut pas lieu pendant la guerre de Cent Ans ?
❑ Crécy ❑ Poitiers ☒ Azincourt ❑ Corbie

5. « De la faim, de la guerre, de ...., délivre-nous, Seigneur. »
Quel est donc ce troisième mal que l'homme du XIVe siècle
espère conjurer par la prière ?

☐ la variole ☑ la peste ☐ le choléra

6. Les cinq affirmations suivantes concernent le roi Charles V.
Laquelle est fausse ?

a. Charles fut le premier héritier du trône à porter le titre de dauphin.

b. Il se heurte au prévôt des marchands Étienne Marcel.

c. Il ordonne la construction de la Bastille.

d. C'est sous son règne, pour l'essentiel, que se met en place le
système fiscal de l'Ancien Régime.

e. Il fait de Du Guesclin, en 1370, son grand chambellan.

7. En 1392, le roi Charles VI sombre dans la folie. Comment le
ramener à la raison ? On eut recours à toutes les solutions suivantes sauf une. Laquelle ?

a. La multiplication des processions.

b. L'interdiction du blasphème, de la prostitution, des jeux
d'argent.

c. L'expulsion des Juifs hors de France.

d. La construction d'une nouvelle cathédrale à Paris

8. Le 23 novembre 1407, le duc Louis d'Orléans est assassiné dans
la rue à Paris. Qui commet le crime ?

☐ Jean sans Peur ☐ Raoul d'Anquetonville ☐ le dauphin

9. Le 21 mai 1420 est signé :

☐ le traité de Troyes ☐ le traité d'Arras ☐ le traité de Paris

10. L'étonnante aventure de Jeanne d'Arc passe par les villes suivantes. Dans quel ordre ?

Compiègne → Reims → Chinon → Paris → Rouen → Orléans.

11. Ses ennemis l'appellent « l'universelle araigne » (araignée), tant
il apparaît tout contrôler depuis le centre de sa toile. Il traîne une
réputation de roi fourbe, cruel, enfermant ses adversaires dans
des cages de bois ou de métal. On le crédite en même temps d'un
grand sens de l'État. Qui est-il ?

Réponses

1. Philippe IV le Bel, roi de 1285 à 1314.

Face au pape Boniface VIII, qui proclame la prééminence du pouvoir spirituel et manie la menace de l'excommunication, Philippe défend avec vigueur la prérogative royale : il entend montrer que l'Église de France lui est soumise pour ce qui concerne les affaires temporelles[1]. Philippe le Bel s'entoure pour gouverner de légistes, ce qui suscite le mécontentement des grands vassaux. L'administration centrale coûte cher, mais la guerre menée en Flandre plus cher encore. Le roi doit en conséquence multiplier les expédients (augmentation des impôts, manipulations de la monnaie, spoliation des biens juifs). L'arrestation et le procès des Templiers ne sont pas non plus exempts d'arrière-pensée financière, même si le roi ne conservera finalement rien des biens du Temple.

Ses trois fils règnent successivement après sa mort. Mais en 1328, la lignée des Capétiens directs s'éteint. C'est alors à un neveu de Philippe le Bel, Philippe VI, qu'échoit le pouvoir. Avec ce dernier commence la dynastie des Valois.

2. Avignon.

En 1305, Bertrand de Got, archevêque de Bordeaux, est élu pape et prend le nom de Clément V. Il demeure dans le royaume de France parce que Rome connaît alors une certaine agitation et parce qu'il doit mener de délicates négociations avec le roi de France Philippe le Bel. En 1309, il fixe sa résidence en Avignon. Pendant deux tiers de siècle, Avignon s'impose comme la nouvelle capitale de la chrétienté. Un magnifique palais est édifié, où travaillent les plus grands artistes. Les cardinaux se font construire des hôtels. Dans la cité se pressent diplomates et marchands, juristes ou hommes de lettres à l'instar d'un Pétrarque. Des critiques s'élèvent contre le luxe qui se donne à voir dans cette « nouvelle Babylone ». Il est vrai que la papauté avignonnaise apparaît de plus en plus comme un État centralisé qui développe ses services administratifs et renforce sa fiscalité. Mais pour le pape et les prélats, l'éclat de la monarchie pontificale se justifie dès lors qu'il signifie la gloire de Dieu.

3. 16 millions (dans les limites de la France d'alors ; 20 à 21 millions dans celles de la France d'aujourd'hui).

---

1. Les « affaires temporelles » concernent le domaine séculier – ce qui est de cette terre –, par opposition au domaine spirituel.

Ces chiffres ne représentent qu'une approximation, calculée à partir du premier dénombrement ordonné par la monarchie en 1328. Cet *État des paroisses et des feux*[1] *du royaume*, qui avait une vocation fiscale, témoigne des capacités de l'administration à envoyer ses agents enquêter dans tout le domaine royal. Il atteste aussi la prospérité démographique du pays, même si ce tableau ne doit pas faire illusion. Dans certaines régions, la dynamique paraît déjà remise en cause : les mauvaises récoltes se succèdent, et avec elles les années de disette.

4. Corbie.

Depuis 1336, France et Angleterre se préparent à la guerre. Le contentieux est multiple :

– féodal, car Édouard III rechigne à prêter l'hommage qu'il doit au roi de France pour la Guyenne ;

– économique, car la mainmise croissante de la France sur la Flandre menace les intérêts anglais dans cette région industriellement riche ;

– dynastique, puisque le roi Édouard descend par sa mère de Philippe le Bel et croit du même coup pouvoir prétendre au royaume de France. Quelques mois après la confiscation de la Guyenne par son adversaire, il revendique d'ailleurs officiellement la couronne. Une longue guerre commence ; ponctuée de périodes de répit, elle durera jusqu'en 1453. Les premières années sont désastreuses pour le royaume de France : défaite navale de l'Écluse en 1340, humiliation des chevaliers français à Crécy, écrasement de l'armée à Poitiers et captivité du roi Jean le Bon en Angleterre. Le traité de Brétigny clôt ce premier acte du conflit : Édouard renonce à la couronne de France et le roi Jean, libéré contre une rançon fixée à 3 millions d'écus, abandonne la souveraineté sur l'Aquitaine.

5. La peste.

Elle avait disparu d'Occident depuis plusieurs siècles. Venue des rivages de la mer Noire, elle resurgit à Marseille le 1er novembre 1347. En quelques mois, l'épidémie se propage dans le royaume, progressant le long des grandes voies de communication, tuant riches et pauvres, semant partout l'effroi. Et désormais le fléau frappe à intervalles réguliers. Les uns se réfugient dans la prière, les autres dans la fuite. On cherche parfois des boucs émissaires : les juifs sont ainsi accusés d'avoir empoisonné l'eau des puits. Le chroniqueur Froissart estime que le tiers de la population du

---

1. Foyers.

royaume périt de cette terrible maladie. Les chiffres furent peut-être inférieurs, mais indéniablement la ponction fut terrible.

6. e. Du Guesclin n'a pas été nommé grand chambellan mais connétable, c'est-à-dire chef des armées.

En 1349, par le traité de Romans, Humbert II a abandonné, moyennant 200 000 florins, son État du Dauphiné que le fils aîné du roi de France reçoit désormais en apanage. Charles est le premier des héritiers du trône à porter le titre de dauphin.

Parce que Jean II le Bon a été fait prisonnier à Poitiers, Charles est aussi lieutenant général du royaume : lui revient la lourde tâche de trouver l'argent nécessaire au paiement de la rançon de son père. Mais il se heurte à l'opposition des États du royaume, au roi de Navarre, Charles le Mauvais, au prévôt des marchands de Paris, Étienne Marcel, qui, tous, aiguisent leurs ambitions, exigent des réformes, tentent de tirer parti de l'affaiblissement de la monarchie. Il parvient à rétablir la situation et à signer la paix avec l'Angleterre.

Charles V embellit Paris et en élargit les fortifications : la muraille s'orne à l'ouest d'un Louvre remanié et agrandi, à l'est de la nouvelle et imposante forteresse de la Bastille.

Le roi s'efforce de reconquérir les territoires perdus au profit de l'Angleterre, ce qui suppose un alourdissement de la fiscalité : la conjugaison de la ponction de l'impôt direct (les fouages) et des impôts indirects (notamment la gabelle) induit des révoltes, conduisant le souverain, au terme de son règne, à alléger quelque peu l'impôt.

Charles V meurt le 16 septembre 1380.

7. d. La construction d'une nouvelle cathédrale à Paris.

En août 1392, dans la forêt du Mans, Charles VI est pris d'un subit accès de folie. Il charge sur son escorte et tue quatre hommes. Jusqu'à sa mort, en 1422, le roi sera en proie à pareilles crises où la prostration suit la violence. Le mal de son chef affaiblit le royaume. Il attriste aussi les sujets, preuve qu'existe dans le royaume un réel attachement à la personne sacrée du souverain.

8. Raoul d'Anquetonville (il est le chef des hommes de main ; le commanditaire de l'assassinat est Jean sans Peur).

Parce que le roi est fou, les ambitions des princes s'aiguisent. Le frère du roi, Louis d'Orléans, et le duc de Bourgogne, Jean sans Peur, son cousin, veulent l'un et l'autre contrôler le gouvernement du royaume. L'assassinat du premier provoque la longue guerre civile entre Armagnacs et Bourguignons. Elle vaudra au duc de Bourgogne d'être à son tour assassiné en 1419, à Montereau, par ordre du Dauphin.

9. Le traité de Troyes.

Le 21 mai 1420, le traité de Troyes déshérite le fils du roi, « considéré les horribles et énormes crimes et délits perpétrés au royaume de France par Charles, soi-disant dauphin de Viennois » (allusion au meurtre de Montereau) ; le roi d'Angleterre Henri V, qui doit épouser Catherine, fille de Charles VI et d'Isabeau de Bavière, est déclaré héritier de la couronne de France. Désormais les deux royaumes auront le même roi, même s'il est spécifié qu'ils conserveront chacun leurs institutions. Il existe toute une littérature fustigeant le rôle d'Isabeau dans la signature de ce traité « honteux » qui « livrait la France aux Anglais ». Pas plus que le duc de Bourgogne Philippe, elle n'avait à vrai dire le choix. De toute manière, pour faire valoir ses « droits », le roi d'Angleterre doit nécessairement faire la guerre...

Quinze ans plus tard sera signé le traité d'Arras qui marque la réconciliation entre Charles VII, qui est désormais roi de France, et le duc de Bourgogne.

10. Chinon → Orléans → Reims → Paris → Compiègne → Rouen.

La jeune fille de Domrémy, après avoir obtenu audience du « gentil dauphin » à Chinon, a forcé les Anglais à lever le siège d'Orléans et conduit Charles VII jusqu'à Reims pour qu'il y soit sacré. Elle échoue devant Paris, et les Anglais la font bientôt prisonnière aux portes de Compiègne. Elle est jugée et condamnée comme idolâtre, superstitieuse, schismatique et hérétique, et brûlée le 30 mai 1431 à Rouen.

11. Il s'agit de Louis XI que toute une tradition historiographique et romanesque a dépeint comme un roi retors, machiavélique avant l'heure, et cruel. On ne niera pas que le souverain savait se sortir de tous les mauvais pas. Après avoir comploté avec les princes contre le roi, alors qu'il n'était encore que dauphin, il a su briser les ligues féodales dressées contre lui (guerre du Bien public) avant d'engager une lutte sans merci contre Charles le Téméraire, duc de Bourgogne. Sous son règne autoritaire, la modernisation de l'État s'accélère, cependant que la reconstruction du pays se poursuit, marquée par un indéniable essor économique.

5

Mirage et ravages

Les déchirures du XVIe siècle

Un siècle de fer, de feu et de sang : telle est la face sombre du
XVIe siècle. Mais ce siècle de guerres est aussi celui de la Renaissance,
des poètes de la Pléiade, des châteaux de la Loire, des embellisse-
ments de Fontainebleau où le roi de France reçoit avec faste son
adversaire l'empereur Charles Quint. Partez à la conquête de la
gloire en Italie. Apprenez à vous jouer des intrigues, à négocier
des paix sans cesse remises en cause. Mais surtout, veillez à ne pas
succomber dans les guerres intestines et, suivant le conseil de
Ronsard, « cueillez dès aujourd'hui les roses de la vie ».

1. En 1494, un roi de France prend la tête d'une expédition militaire en Italie. Il s'agit de :
❏ Charles VIII ❏ Louis XII ❏ François Ier

2. Trois batailles célèbres ponctuent en ce début du XVIe siècle les
guerres d'Italie. Saurez-vous relier chaque nom de bataille aux
ennemis des Français ?

Ravenne (1512) •   • Soldats des cantons suisses
Marignan (1515) •   • Armée de Charles Quint
Pavie (1525) •   • Troupes espagnoles et pontifi-
                         cales

3. En juin 1520 se tient une importante réunion diplomatique
entre le roi de France François Ier et le roi d'Angleterre
Henri VIII. Elle est restée dans l'histoire sous le nom de :
❏ camp du Drap d'or

❐ camp de la Tente de velours
❐ camp du Trône d'argent

4. Qu'est-ce que l'affaire des Placards ?
❐ un scandale religieux
❐ un spectacle théâtral
❐ un changement ministériel

5. Vrai ou faux ? En août 1539, l'ordonnance de Villers-Cotterêts :
a. instaure le français comme langue officielle
b. impose le latin dans la rédaction des édits et ordonnances

6. Parmi les affirmations suivantes, deux sont fausses. Lesquelles ?
a. Henri II a régné de 1547 à 1559.
b. Il a épousé Diane de Poitiers.
c. Il a mis un terme définitif aux guerres d'Italie.
d. Il s'est montré plus intransigeant que son père vis-à-vis de l'hérésie protestante.
e. Blessé lors d'un tournoi, il n'a eu la vie sauve que grâce au chirurgien Ambroise Paré.

7. Savez-vous dater le massacre de la Saint-Barthélemy ?
❐ 1er mars 1562 ❐ 29 septembre 1567 ❐ 24 août 1572

8. Le 1er août 1589, le roi Henri III est assassiné par un moine : Frère Jacques .... Pour compléter son nom, aidez-vous de cette anagramme restée célèbre : « C'est l'enfer qui m'a créé » (attention : le « j » n'existe pas au XVIe siècle, il faut le remplacer par un « i »).

9. Lequel de ces deux textes met un terme aux guerres de Religion ?
❐ la paix de Vervins
❐ l'édit de Nantes

Réponses

1. Charles VIII.

Charles VIII a attaché son nom à l'Italie. Héritier des droits des Anjou sur le royaume de Naples, il décide de lancer une expédition qu'il faut lire aussi comme une croisade puisque le souverain laisse entendre que sa descente dans la péninsule n'est que le prélude à son embarquement pour la Terre sainte. Une atmosphère messianique règne alors en Italie : beaucoup veulent voir dans le roi de France un nouveau Charlemagne, l'empereur attendu de la fin des temps. Le 22 février 1495, Charles VIII fait son entrée à Naples, recouvert du manteau impérial, avec sur la tête la quadruple couronne de France, de Naples, de Jérusalem et de Constantinople. Mais l'affaire tourne court. Le roi n'est sans doute pas à la hauteur des espoirs qu'on plaçait en lui ; et la présence française inquiète les États italiens qui, sous l'impulsion de la République de Venise, organisent une Ligue contre l'envahisseur. L'armée française, sur le chemin du retour, bouscule les troupes ennemies à Fornoue. Mais cette victoire ne saurait empêcher la perte du royaume de Naples. Tout est à refaire.

2.

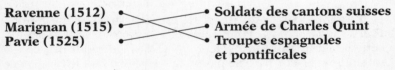

Ravenne (1512)   •   **Soldats des cantons suisses**
Marignan (1515)   •   **Armée de Charles Quint**
Pavie (1525)   •   **Troupes espagnoles
et pontificales**

La mort prématurée de Charles VIII en 1498 laisse le trône à son cousin Louis d'Orléans qui devient Louis XII. Le souverain revendique à la fois le duché de Milan et le royaume de Naples : le mirage italien continue... Contre la France, le pape Jules II met bientôt en place une vaste coalition, la Sainte Ligue. Le jeune neveu de Louis XII, Gaston de Foix, remporte de beaux succès contre les armées adverses mais il périt lors de la bataille de Ravenne (1512), sa plus éclatante victoire. Les revers se succèdent alors et le duché de Milan est perdu. À l'aube de son règne, François Ier entend renouer avec la politique italienne de ses prédécesseurs. Les 13 et 14 septembre 1515, il rencontre les alliés suisses de la Sainte Ligue : la bataille de Marignan devait rester dans la mémoire française comme la date emblématique de ces guerres outre-monts. Le duché de Milan est reconquis et les Suisses signent bientôt une « paix perpétuelle » avec la France. Succès bien éphémère toutefois, puisqu'en 1525 l'armée de Charles Quint vainc celle de François Ier à Pavie. Prisonnier en Espagne, François Ier doit signer le traité de Madrid par lequel il renonce à ses prétentions italiennes et cède la Bourgogne. Mais le roi n'a pas l'intention de respecter ses engagements : la paix est donc bien fragile.

3. Camp du Drap d'or.

François Ier entend faire impression sur le roi Henri VIII dont il cherche à se faire un allié contre Charles Quint. En conséquence, il déploie un luxe formidable pour le recevoir, près de Calais. Au centre d'un village de plusieurs centaines de tentes, s'élève une très vaste construction de toile, tendue de brocart d'or fleurdelysée, doublée de velours bleu, dans laquelle se rencontrent les deux souverains. Tournois et banquets se succèdent, mais lorsque est célébrée la messe de clôture le 23 juin, il apparaît que tout ce faste a été déployé en vain. La rivalité l'emporte sur les velléités de rapprochement et c'est l'alliance avec l'empereur que va choisir Henri VIII.

4. Un scandale religieux.

Dans la nuit du 17 au 18 octobre 1534, à Paris, à Orléans et à Amboise jusque sur la porte du roi sont affichés des « placards » au titre volontairement provocateur : « Articles véritables sur les horribles, grands et insupportables abus de la messe papale. » Jusqu'alors avait régné en France une certaine tolérance vis-à-vis des idées religieuses nouvelles qui se diffusent en Europe, celles de Luther, de Calvin et d'autres réformateurs. Mais cette fois le souverain ne saurait accepter un acte qui fronde à la fois l'Église et le pouvoir royal. Des processions expiatoires sont organisées dans la capitale et bientôt sont allumés les premiers bûchers où périssent des protestants. L'heure des guerres de Religion n'a pas encore sonné, mais désormais les questions de foi interviennent dans le débat politique et diplomatique, car toute l'Europe tend à se diviser entre les tenants de la Réforme protestante et ceux d'un catholicisme lui-même en mutation.

5. a. instaure le français comme langue officielle.

Désormais ni le latin ni les langues régionales ne pourront être employés dans les actes administratifs. Cette volonté unificatrice se double d'une forte exigence réformatrice : l'ordonnance, qui comprend près de deux cents articles, s'efforce de rationaliser le système judiciaire. Elle impose également au clergé de tenir des registres paroissiaux dans lesquels seront consignés les baptêmes, les mariages et les décès : l'État se pose ainsi en gardien de la mémoire.

6. b. Il a épousé Diane de Poitiers et e. Blessé lors d'un tournoi, il n'a eu la vie sauve que grâce au chirurgien Ambroise Paré.

Diane de Poitiers était, en fait, la maîtresse du roi : Henri II a épousé Catherine de Médicis. Le règne, commencé en 1547, s'interrompt brutalement en juillet 1559 en raison de l'accident survenu lors d'un tournoi : blessé à l'œil, le souverain meurt en quelques jours malgré les soins d'Ambroise Paré. Pendant ces douze années, Henri II aura mis un terme aux guerres d'Italie : par le traité de Cateau-Cambrésis signé en avril 1559, la France renonce à ses prétentions sur l'Italie et la Savoie mais elle conserve Calais et les trois évêchés lorrains dont elle avait pris possession quelques années auparavant (Metz, Toul, Verdun). Indéniablement, Henri II se sera montré plus intransigeant que son père en matière religieuse. Au Parlement, une chambre spéciale – la Chambre ardente – a été créée pour lutter contre l'hérésie : elle envoie au bûcher des centaines de condamnés.

7. 24 août 1572.

À Vassy, le 1ᵉʳ mars 1562, le duc de Guise ordonne la mise à mort de protestants qui célébraient leur culte dans la cité alors qu'un édit récent ne l'autorisait qu'à l'extérieur des villes. C'est véritablement le début des guerres de Religion. Le 29 septembre 1567, à Nîmes, se déroule cette fois un massacre de catholiques par les protestants. Mais l'événement qui a laissé le plus de traces dans les mémoires est bien sûr la Saint-Barthélemy. C'est entre 1 heure et 4 heures du matin, au son des cloches de la capitale, que se déclenche le massacre qui vise d'abord les capitaines protestants puis les populations civiles. Deux à quatre mille personnes périssent ainsi, femmes et enfants compris. Événement trouble, dont on ne sait toujours pas exactement aujourd'hui quand ni par qui il fut décidé. S'agissait-il d'un piège prémédité ? Nombre de huguenots se trouvaient à Paris pour célébrer le mariage de Henri de Navarre et de Marguerite de Valois. Faut-il croire à un crime improvisé ? Par les Guise ? Par la reine Catherine de Médicis ?

8. Frère Jacques Clément.

Ce dominicain assassine Henri III dans un contexte particulièrement troublé. Une partie de la noblesse, notamment les Guise, a noué une alliance politique et religieuse : la Ligue ; elle défend la cause du catholicisme et s'est trouvé des relais dans la capitale en état d'insurrection. En conséquence, le souverain, allié au roi de Navarre, futur Henri IV, assiège Paris pour remettre la ville au pas. Mais le 1er août 1589, il est assassiné à Saint-Cloud. À peine a-t-il poignardé le roi que Jacques Clément est mis à mort. Il se trouve cependant des membres du clergé pour exalter sa mémoire et justifier par leurs écrits le « tyrannicide » (l'assassinat du tyran).

9. L'édit de Nantes.

En 1598, l'édit de Nantes clôt les guerres de Religion. Désormais, les protestants sont « tolérés » dans le royaume : ils peuvent, sous certaines conditions, exercer leur culte, se voient reconnaître les droits civils et obtiennent des places fortes. Pour Henri IV, qui s'était converti au catholicisme, il s'agit là d'un compromis indispensable mais conjoncturel, dans l'attente d'un retour éventuel à l'unité religieuse. Surtout, le souverain rappelle au parlement de Paris qui est le maître : « Ne m'alléguez point la religion catholique, je l'aime plus que vous, je suis catholique plus que vous [...] Je suis roi maintenant et je parle en roi. Je veux être obéi. » La monarchie absolue s'impose peu à peu.

Quant à la paix de Vervins, elle met un terme au conflit avec l'Espagne, dont les troupes étaient intervenues en France à l'appel de la Ligue, dix ans plus tôt, en 1588.

6

Un siècle pourpre et or

L'affirmation absolutiste au XVIIᵉ siècle

La pourpre cardinalice et l'or du Roi-Soleil : le siècle a deux visages. Une certaine démesure d'un côté : le culte du héros, la rébellion, les coups fourrés et le cliquetis des armes des duellistes ; de l'autre, l'affirmation de la raison d'État, le rituel savamment ordonné de l'étiquette de Versailles, une certaine domestication des grands comme des mœurs. À vous de choisir entre passion et raison, entre révolte et soumission. Serez-vous bretteur ou courtisan ?

1. Les trois indices suivants doivent vous aider à identifier un événement. Lequel ?
14 mai 1610 – rue de la Ferronnerie – *Au cœur couronné percé d'une flèche.*

2. Les hommes d'État qui suivent ont tous servi un monarque. Rendez à chacun son roi !

Mazarin •
Sully •   • Henri IV
Richelieu •   • Louis XIII
Colbert •   • Louis XIV
Fouquet •

3. Alexandre Dumas devait y faire figurer ses mousquetaires ; un tableau célèbre du XIXᵉ siècle montre Richelieu fermement planté sur une digue devant la ville.
a) De quel événement s'agit-il ?
☐ le siège de l'île de Ré   ☐ le siège de La Rochelle

b) Contre qui lutte Richelieu ?
☐ les Anglais ☐ les protestants ☐ les deux

4. Le 11 novembre 1630 se produit à la cour un coup de théâtre qui vaudra l'exil à Marie de Médicis, mère de Louis XIII. Ce spectaculaire retournement de situation est passé dans l'histoire sous le nom de :
☐ journée des Dupes
☐ tromperie du Cardinal
☐ coup d'État de Louis XIII

5. De 1648 à 1653, la monarchie est secouée par une crise qui tourne à la guerre civile. Louis XIV devait garder un vif souvenir de ces « agitations terribles » qui déchirèrent alors le royaume. Voici trois affirmations. Lesquelles sont vraies ?
a. La Fronde est une révolte parlementaire.
b. La Fronde est une révolte des Princes.
c. Les mazarinades sont des persécutions ordonnées par le cardinal à l'encontre des Frondeurs.

6. La France intervient militairement dans la guerre de Trente Ans en 1635. Contre qui ?
☐ encore et toujours les Habsbourg
☐ le roi d'Angleterre
☐ la Suède

7. L'incroyable faste de la réception donnée par le surintendant Fouquet en l'honneur du roi en son château de Vaux a irrité Louis XIV.
C'est alors que le roi a décidé de faire arrêter ce grand commis de l'État. Vrai ou faux ?
☐ vrai ☐ faux

8. Que savez-vous au juste de l'illustre château de Versailles ? Rayez les affirmations fausses.
a. Louis XIV a été le premier roi à faire élever un château à Versailles.
b. Le musicien Lully et le dramaturge Racine ont contribué à la grande fête de 1664, intitulée *Plaisirs de l'île enchantée*.
c. Louis XIV fixe la cour à Versailles en 1682.
d. Les jardins du palais comprenaient une orangerie et une ménagerie.

e. L'« étiquette », qui désigne le cérémonial en usage à la cour, participe à la domestication de la noblesse.

9. À quel événement se rapportent les indices suivants ?
Dragonnades – 1685 – édit de Fontainebleau – galères.

10. Parmi les territoires suivants, un seul n'a pas été intégré au royaume sous le règne de Louis XIV. Lequel ?
Alsace – Artois et Roussillon – Flandre et Hainaut – Strasbourg – Nice et la Savoie – Franche-Comté.

Réponses

1. L'assassinat d'Henri IV.

C'est le vendredi 14 mai 1610, rue de la Ferronnerie, à proximité d'une auberge nommée *Au cœur couronné percé d'une flèche*, que Ravaillac poignarde Henri IV.

Une fois apaisées les affaires religieuses, le roi a fermement travaillé à consolider son pouvoir et préparer l'avenir de la dynastie des Bourbons. Il a réformé la fiscalité (taille mieux répartie, impôts indirects accrus) et rétabli les finances royales ; il a encouragé l'agriculture (développement du vignoble, introduction du ver à soie) et les manufactures, a suscité l'amélioration des voies de communications terrestres et fluviales. Ardent propagandiste de la prérogative royale, Henri IV entend se présenter comme un monarque pacificateur, une sorte d'arbitre, de régulateur jusque sur la scène diplomatique. Mais dans le contexte troublé qui prévaut alors en Europe – formation de l'Union évangélique qui regroupe les princes et les villes protestantes de l'Empire contre les Habsbourg – il choisit son camp et se prépare à la guerre contre ces derniers. En assassinant le roi, Ravaillac estime défendre le catholicisme. Il est arrêté et supplicié.

2.

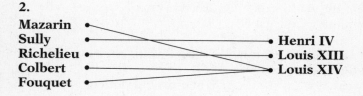

Mazarin
Sully — **Henri IV**
Richelieu — **Louis XIII**
Colbert — **Louis XIV**
Fouquet

Sully est surintendant des Finances pendant le règne de Henri IV et le reste quelques mois encore après la mort de son maître. Richelieu sert Louis XIII. Sur son lit de mort, en décembre 1642, il recommande Mazarin au roi. Ce dernier obtient de la régente Anne d'Autriche de continuer à servir le jeune Louis XIV, et il poursuit sa tâche jusqu'à son décès en 1661. Louis XIV n'entend pas conserver de « principal ministre ». Il fait arrêter Fouquet, le surintendant des Finances qui, depuis plusieurs années, travaillait auprès de Mazarin. Colbert, qui a contribué à la chute du grand argentier du royaume, est nommé contrôleur général des Finances, charge qu'il garde jusqu'à sa disparition en 1683.

3. a. le siège de La Rochelle ; b. les deux.

Le gouvernement a décidé de rétablir le culte catholique en Béarn et en Navarre, désormais rattachés à la Couronne, et de restituer ses biens au clergé. Pour ce faire, il a organisé une expédition militaire qui réveille la résistance huguenote[1]. Commence une nouvelle guerre contre les protestants appelée à durer plusieurs années. L'événement marquant en est le siège de La Rochelle. Richelieu décide d'assiéger la ville, place forte huguenote, en l'isolant d'abord par une circonvallation[2] terrestre, puis en fermant le port par une digue longue de 1 500 mètres afin que les Anglais ne puissent ni ravitailler les habitants ni dégager la ville. La Rochelle tombe à l'automne 1628. Quelques mois plus tard, la paix d'Alès, si elle maintient l'édit de Nantes, enlève aux protestants leurs privilèges politico-militaires.

4. Journée des Dupes.

La reine mère et le parti dévot sont les partisans d'une politique d'apaisement vis-à-vis de l'Espagne, non sans arguments car le royaume est exsangue. Richelieu entend, quant à lui, mener une politique d'intervention militaire qui contienne les ambitions des Habsbourg. Le 11 novembre 1630, au palais du Luxembourg, se tient une séance orageuse. Cris, larmes : Richelieu se croit perdu ; Marie de Médicis se persuade de la disgrâce du ministre. Mais le soir même, à Versailles, Louis XIII renouvelle sa confiance au cardinal. La reine mère gagne Compiègne puis l'étranger : elle ne reverra jamais la France.

5. a et b. La Fronde est à la fois une révolte parlementaire et une révolte des Princes.

Elle s'inscrit dans un contexte de guerres qui ont épuisé le pays et entraîné des révoltes antifiscales. À Paris, le Parlement se pose en défenseur des libertés contre l'arbitraire royal, en protecteur du peuple contre l'État. En vérité, les hommes qui le composent – ils ont acheté leur charge (un « office ») et représentent l'élite de la noblesse dite de robe – cherchent d'abord à préserver leurs intérêts. Le roi est mineur ; ils croient donc le moment propice à l'établissement d'un contrôle sur la monarchie. Paris s'embrase : on élève partout des barricades. Mazarin parvient à rétablir l'ordre, mais la fronde des Princes prend le relais, et l'agitation gagne la province. Attaqué par tous, victime d'une intense campagne de pamphlets (les

---

1. Les catholiques français appellent alors les calvinistes les « huguenots ».
2. Voir note 1, page 12.

mazarinades), le cardinal doit s'exiler un temps. Mais la Fronde finit par se disloquer... L'autorité monarchique l'a emporté.

6. Encore et toujours les Habsbourg.

C'est pour lutter contre eux que la France s'engage ouvertement en 1635 dans la guerre de Trente Ans (1618-1648), douloureux conflit aux enjeux à la fois politiques et religieux, qui concerne d'abord l'Empire mais finit par embraser une bonne partie de l'Europe. Dans ce conflit, Richelieu puis Mazarin n'hésitent pas à faire alliance avec la Suède ou les princes protestants allemands. Les opérations militaires s'avèrent fort délicates. Mais la politique de Richelieu finit par payer : quelques mois après sa mort, le grand Condé offre, à Rocroi, une belle victoire à la France. Cinq ans plus tard, les traités de Westphalie apportent enfin la paix et redessinent la carte européenne. La France y gagne essentiellement des droits en Alsace. Pour autant, la guerre continue contre l'Espagne jusqu'au traité des Pyrénées qui offre à la France l'Artois et le Roussillon. L'année suivante, Louis XIV épouse Marie-Thérèse, fille du roi d'Espagne. Ce mariage scelle la paix et offre une consécration à la politique de Mazarin.

7. Faux.

La décision d'évincer Fouquet est déjà prise par le roi, trois mois avant cette fête. Pourquoi alors cette arrestation ? L'ambition de Nicolas Fouquet et son importance dans l'organisation financière du royaume risquent de faire de l'ombre au jeune Louis XIV qui entend, après la mort de Mazarin, exercer le pouvoir sans partage. Le surintendant a peut-être eu aussi le tort de s'intéresser de trop près aux affaires maritimes (achat de Belle-Île, constitution d'une flotte personnelle). Il se heurte à l'hostilité d'un Colbert, qui a beau jeu de suggérer que cette puissance représente une menace pour l'État. Louis XIV charge d'Artagnan d'arrêter Fouquet qui passera les dernières années de sa vie dans la prison de Pignerol.

8. Il fallait rayer les affirmations **a** et **b** qui sont fausses.
À la demande de Louis XIV, le petit château édifié par Louis XIII est agrandi dans un premier temps par les constructions de Le Vau. Viendront plus tard les deux grandes ailes ajoutées par Hardouin-Mansart et la galerie des Glaces unissant le salon de la Paix et le salon de la Guerre. Le parc, dessiné par Le Nôtre, s'orne d'une orangerie et d'une ménagerie. Le roi y fait également édifier le Grand Trianon. Avant que la cour ne s'y fixe définitivement en 1682, Versailles avait été le lieu de grandes fêtes qui contribuent à l'éclat du règne.

L'une d'entre elles, *Les Plaisirs de l'île enchantée*, est restée célèbre par la musique de Lully et les pièces de Molière.

La vie à la cour se déroule suivant l'« étiquette », c'est-à-dire l'organisation rigoureuse de la journée du roi réglée comme une horloge. Logé dans le palais ou dans la ville, le courtisan, qui dépense une fortune pour tenir son rang, vit comme un honneur sa présence au lever du roi, et comme une disgrâce l'impossibilité d'y paraître.

9. La révocation de l'édit de Nantes.

Par l'édit de Nantes, Henri IV avait « toléré » le protestantisme. Dès le début du règne de Louis XIV, la politique religieuse marque un retour à la rigueur : les temples construits en dehors des endroits autorisés sont détruits, les obsèques des membres de la « religion prétendument réformée » ne peuvent se dérouler que de nuit ; les conversions sont encouragées. Les soldats logés chez les réformés sèment la terreur (brimades, violences, déprédations) : c'est l'heure des « dragonnades ». C'est dans ce contexte que s'inscrit l'édit signé à Fontainebleau, en octobre 1685, qui révoque l'édit de Nantes : désormais le culte protestant est interdit. Les enfants seront baptisés et élevés dans la religion catholique. Malgré l'interdiction faite aux réformés de quitter le royaume, sous peine de condamnation aux galères, beaucoup choisissent l'exil. D'autres irréductibles choisissent de se réunir clandestinement dans des endroits reculés : peu à peu s'organise ainsi l'église du « Désert ».

10. Nice et la Savoie. (Il faudra attendre le règne de Napoléon III en 1860.)

Il faut aussi considérer le spectaculaire essor maritime de la France qui s'est dotée, sous l'impulsion notamment de Colbert, d'une solide marine de guerre et de bases outre-mer (Pondichéry, Saint-Domingue, la Louisiane).

Sur son lit de mort, Louis XIV devait conseiller à son arrière-petit-fils, le futur Louis XV, de ne pas faire la guerre : « C'est la ruine des peuples », lui dit-il. Reste que les possessions françaises se sont considérablement accrues, pour l'essentiel dans la première moitié du règne. Les échecs militaires ponctuent à l'inverse la guerre de la Ligue d'Augsbourg (1688-1697) ou celle de Succession d'Espagne (1701-1714).

7

Philosopher et réformer

La France des Lumières

Prospérité économique, croissance démographique, foisonnement intellectuel des Lumières : la France du XVIIIe siècle, au-delà de ses défaites militaires, garde en Europe un rayonnement considérable. L'esprit critique y prévaut, qui remet en cause l'absolutisme.

Comment auriez-vous vécu à cette époque ? Vous imaginez-vous collaborant à la rédaction de l'*Encyclopédie*, épiant les secrets d'alcôve de Louis XV, embarquant aux côtés de La Pérouse pour un voyage scientifique autour du monde ? Et si vous deviez échouer dans quelque île du Pacifique peuplée de « bons sauvages » (qui sont aussi parfois de féroces cannibales), que sortiriez-vous de votre malle : *Le Mariage de Figaro* de Beaumarchais, les *Lettres persanes* de Montesquieu, ou le *Contrat social* de Rousseau ?

1. Lorsque Louis XIV meurt en septembre 1715, le nouveau roi, son arrière-petit-fils, n'a que cinq ans. Une régence est donc nécessaire. Qui l'exerce ?

❏ la mère de Louis XV
❏ le duc d'Orléans
❏ le duc du Maine

2. Ces événements se sont passés en 1720, mais un intrus s'est glissé dans la liste. Saurez-vous le démasquer ?

a. la banqueroute de Law
b. la peste de Marseille
c. l'incendie de Rennes
d. la publication des *Lettres philosophiques* de Voltaire

3. Comment a-t-on surnommé Louis XV ?

❏ « Louis le Bien-Aimé »
❏ le roi « Mal-Aimé »
❏ il a eu successivement les deux surnoms

4. Tous les auteurs qui suivent ont contribué à l'*Encyclopédie*, mais deux seulement sont les maîtres d'œuvre de ce gigantesque projet. Lesquels ?
Rousseau – Montesquieu – Diderot – Buffon – d'Alembert – Voltaire – Turgot.

5. Qu'est-ce que l'affaire Calas ?

❏ une affaire judiciaire
❏ un scandale financier
❏ un problème diplomatique

6. La guerre dite de Sept Ans se déroule de 1756 à 1763.
a. Une fois de plus la France affronte son grand ennemi : les Habsbourg. Vrai ou faux ?
b. Dans cette guerre, la France perd le Canada et la Louisiane. Vrai ou faux ?

7. Après avoir exercé les fonctions d'intendant du Limousin, il devient contrôleur général des Finances. Il doit faire face à la « guerre des Farines », et les émeutiers parisiens manifestent sous ses fenêtres. De qui s'agit-il ?
❏ Turgot ❏ Calonne

8. À partir de 1775, l'Europe observe avec attention les événements d'Amérique : les treize colonies anglaises y entrent en guerre contre leur métropole. Quelle est l'attitude de la France ?
a. Elle s'engage militairement aux côtés des insurgés, une façon de prendre sa revanche sur l'Angleterre.
b. Elle ne saurait se battre auprès de républicains et se contente de financer la guerre d'indépendance.

9. En août 1788, Louis XVI convoque les États généraux : ils se réuniront à Versailles au printemps suivant. Mais de quoi s'agit-il exactement ?
❏ d'une assemblée réunissant des délégués des trois ordres (clergé, noblesse et tiers état), nommés par le roi
❏ d'une assemblée de députés élus par les trois ordres

Réponses

1. Le duc d'Orléans.

Le jeune Louis XV est orphelin de mère. La régence est donc confiée au premier prince du sang, le duc d'Orléans Philippe, fils du frère de Louis XIV. À vrai dire, le roi défunt avait rédigé un testament qui plaçait le futur régent sous la tutelle d'un Conseil de régence. Mais le roi ne saurait ainsi engager l'avenir ; il ne peut exercer le pouvoir que de son vivant. Le testament est donc cassé et le duc d'Orléans décide dans un premier temps de se concilier les grands noms du royaume en organisant la « polysynodie » : il s'agit de substituer aux ministres jugés despotiques des conseils dans lesquels siègent les membres de la vieille noblesse – une manière de revanche pour ceux que Louis XIV avait jugé bon d'écarter du pouvoir… Ce système révèle vite son impéritie. Et le Régent en reviendra à des méthodes plus classiques, en faisant de son protégé, l'abbé Dubois, le « principal ministre ». Plus lourde de conséquence est sans doute la décision prise au début de la Régence de restituer au Parlement le droit de remontrance qui permettait aux magistrats de la cour souveraine de marquer leur opposition aux édits et ordonnances du roi. Ils sauront utiliser ce droit…

2. d. La publication des *Lettres philosophiques* de Voltaire.

En janvier 1720, un aventurier écossais, John Law, est nommé contrôleur général des Finances. Il croit avoir trouvé la solution pour résoudre la crise financière que connaît l'État, en émettant des billets. L'intense spéculation aura raison de son système qui s'écroule avant la fin de l'année. Au moins l'État aura-t-il gagné dans cette histoire de s'être désendetté.

Deux désastres rythment encore cette année 1720. D'abord la peste de Marseille, la dernière du genre : malgré les efforts des municipalités et des médecins pour la contenir, l'épidémie gagne la Provence, remonte la vallée du Rhône et, le long de la Garonne, atteint Toulouse.

Un incendie ravage Rennes en décembre. Malheur est bon parfois, suggère cependant Saint-Simon : « La ville a été rebâtie depuis beaucoup mieux qu'elle ne l'était auparavant, et avec beaucoup plus d'ordre et de commodités publiques. »

Pour lire les *Lettres philosophiques*, satire mordante de la société française, il faudra attendre 1734.

3. Il a eu successivement les deux surnoms.

Pendant le ministériat de Fleury, qui ne prendra fin qu'en 1746, le roi est indéniablement populaire. Il règne, les ministres gouvernent : unification du droit, réformes fiscales dans un contexte d'équilibre financier et d'indéniable prospérité... Le bilan diplomatique est plus contrasté : si la guerre de Succession de Pologne garantit à terme la Lorraine à la France, celle de Succession d'Autriche, malgré la belle victoire de Fontenoy en 1745, n'offre rien au royaume que le poids d'un long conflit. Louis XV aura beau dire qu'il ne fait pas la guerre « en marchand », l'opinion retient surtout que le pays a « travaillé pour le roi de Prusse ». La seconde moitié du règne s'avère plus difficile : opposition répétée des parlementaires, intrigues de cour nouées autour de la marquise de Pompadour ou contre elle, guerre de Sept Ans. Louis XV croit pouvoir imposer sa volonté en réaffirmant avec force les principes de l'absolutisme ou en substituant aux parlements existants de nouvelles cours constituées de membres nommés par le roi. Mais son impopularité, attisée par des relations adultères jugées indignes du rang royal (avec la Du Barry), s'accroît dans les dernières années du règne. Louis XV meurt le 10 mai 1774.

4. Diderot et d'Alembert.

Il aura fallu plus de vingt ans pour mener à bien cette gigantesque entreprise (dix-sept volumes de textes, onze de planches) visant à faire le point de toutes les connaissances. Si, en matière de sciences et de techniques, l'œuvre peut apparaître dès l'origine comme dépassée, elle s'impose comme une formidable machine de guerre contre l'absolutisme, tout en ne remettant pas en cause les fondements monarchiques de l'État. À la tradition elle oppose la pensée nouvelle, critique, rationnelle, pétrie des idées des Lumières. L'*Encyclopédie* s'offre bien comme l'emblème de son siècle.

5. Une affaire judiciaire.

En 1762, un négociant protestant, Jean Calas, est condamné à mort et exécuté. La justice l'a reconnu coupable de l'assassinat de son propre fils, retrouvé pendu. L'affaire a de lourdes résonances religieuses puisque la victime, dit-on, aurait été sur le point de se convertir au catholicisme... Après enquête, Voltaire est convaincu de l'innocence du condamné. L'homme de lettres orchestre dès lors une véritable campagne destinée à alerter l'opinion. Il multiplie les lettres, les publications ; au terme de trois ans d'un combat qui se nourrit aussi d'une réflexion sur la tolérance, il obtient la réhabilitation de Calas.

6. a. faux ; b. vrai.

La France procède à un renversement des alliances : avec l'Autriche et la Russie, elle combat l'Angleterre et la Prusse, traditionnellement son alliée.

Les enjeux coloniaux sont décisifs dans cette guerre : la France et l'Angleterre se disputent la suprématie sur les océans. Dans ce bras de fer, c'est l'Angleterre qui l'emporte. Le traité de Paris enlève à la France le Canada, la Louisiane et ses possessions en Inde (où lui restent seulement cinq comptoirs). Au moins le ministre Choiseul aura-t-il préservé les îles à sucre, et notamment Saint-Domingue, la « perle des Antilles ».

7. Turgot.

Comme intendant en Limousin, il a déployé une grande activité : développement du réseau routier, encouragement à l'agriculture, ateliers de charité, etc. Reste à appliquer au niveau national les expérimentations limousines. Turgot s'y emploie à partir de 1774, lorsqu'il est nommé contrôleur général des Finances.

L'expérience sera brève tant il est vrai que les oppositions sont vives. La décision de libérer le commerce des grains intervient sans doute à contretemps : les mauvaises récoltes de 1774, aggravées par l'action des spéculateurs, provoquent des hausses de prix insupportables, suscitant la « guerre des Farines » contre celui que l'opinion juge responsable de la situation. Mais Turgot a surtout le tort de remettre en cause les fondements de l'Ancien Régime en proposant des réformes audacieuses, y compris en matière fiscale. Le parlement de Paris, que Louis XVI a rétabli dans toutes ses prérogatives, se dresse contre l'action du ministre. Le roi décide de renvoyer son ministre, victime en somme de sa « rage du bien public ». Une décennie plus tard, Calonne échouera dans sa volonté de créer un impôt sur les revenus fonciers qui serait payé même par les privilégiés.

8. a. Elle s'engage militairement aux côtés des insurgés.

L'engagement spontané de quelques nobles français comme La Fayette précède l'engagement officiel de la France qui commence en 1778 et sera décisif, tant sur mer que sur terre, la victoire de Yorktown en octobre 1781 scellant l'indépendance des États-Unis reconnue par le traité de Versailles (septembre 1783).

La guerre d'Amérique pèse très lourdement sur les finances : elle a coûté plus d'un milliard de livres. Or le budget de l'État français connaît à la veille de la Révolution un déficit chronique : le service de la dette ne représente pas moins de la moitié des 620 millions de livres de dépenses.

9. D'une assemblée de députés élus par les trois ordres.

Les membres de la noblesse et du clergé élisent directement leurs députés ; pour ce qui concerne le tiers état (tous ceux qui n'appartiennent ni à la noblesse ni au clergé : paysans, artisans, bourgeois...) ? infiniment plus nombreux, les élections ont lieu à deux ou trois degrés : tous les hommes de plus de vingt-cinq ans, à condition d'être imposés, votent pour des représentants qui, à leur tour, voteront pour des députés envoyés à Versailles. En décembre 1788, il a été décidé de doubler la représentation du tiers qui a donc deux fois plus de députés que la noblesse ou le clergé. Mais dans le pays, le tiers état représente plus de 9/10e de la population. La division en ordres suffit à rappeler que l'armature de la société d'Ancien Régime repose sur le privilège. Le doublement du tiers témoigne, cependant, du lent progrès de l'idée d'une représentation plus équitablement démocratique.

8

Liberté, Égalité, Fraternité

Une décennie révolutionnaire

L'effervescence est grande en ce printemps 1789. En quelques semaines, ce que l'on appelle désormais l'Ancien Régime est balayé. En trois ans, la monarchie va s'effondrer. Citoyen, seras-tu l'un des neuf cent cinquante-quatre vainqueurs de la Bastille honorés par l'Assemblée ? T'enthousiasmeras-tu à l'appel lancé par Danton : « de l'audace, encore de l'audace, toujours de l'audace » ? Citoyen, que tu sois un ci-devant ou un sans-culotte, n'oublie pas que beaucoup de têtes vont tomber. Alors garde la tienne froide.

1. À l'occasion de la réunion des États généraux ont été rédigés :
- ☐ des cahiers de doléances
- ☐ des cahiers de textes
- ☐ des cahiers paroissiaux

2. Saurez-vous récrire ce texte fameux de l'abbé Sieyès en remettant les mots dans l'ordre ?
« Qu'est-ce que le tiers état ? Que demande-t-il ? Tout. Qu'a-t-il été jusqu'à présent ? Rien. À devenir quelque chose. »

3. Reliez les événements à la date à laquelle ils se sont tenus :

17 juin 1789 •   • Refus de l'Assemblée de se disperser
20 juin 1789 •   • Serment du Jeu de paume
23 juin 1789 •   • Les députés se proclament Assemblée nationale

4. Construite sous Charles V pour protéger Paris, haute de 30 mètres, je m'élève à la jonction du Marais et du faubourg Saint-Antoine. J'ai logé des hommes célèbres : Fouquet, Voltaire ou Sade. Mon hospitalité pourtant ne séduit guère, alors que je reçois sur simple lettre. À la fois emblème de l'Ancien Régime et de la Révolution, je suis destinée à une exceptionnelle renommée posthume. Qui suis-je ?

5. Joseph de Maistre interprétera cet événement comme « la première marche d'un échafaud ». Pour *Le Patriote français*, le temps serait venu de se débarrasser de la royauté. De quoi s'agit-il ?

❏ de l'installation forcée du roi et de sa famille aux Tuileries en octobre 1789

❏ de la fuite de la famille royale et de son arrestation à Varennes

6. Les trois indices qui suivent (une phrase, un geste, un bâtiment) doivent vous aider à identifier une bataille :

« De ce lieu et de ce jour, date une nouvelle époque de l'histoire du monde, et vous pourrez dire : j'y étais » (Goethe) – Kellermann porte sa cocarde tricolore à la pointe de son sabre, aux cris de « Vive la Nation » – un moulin.

7. À quelle date se sont tenus les événements suivants ?

4 août 1789 •		• Fête de la Fédération
14 juillet 1790 •		• Prise des Tuileries
10 août 1792 •		• Abolition des privilèges
21 janvier 1793 •		• Exécution de Louis XVI

8. Voici trois questions pour rafraîchir vos connaissances sur les Jacobins, les Girondins et autres Montagnards.

a. Le club des Jacobins était installé dans le Quartier latin. Vrai ou faux ?

b. La rivalité entre Girondins et Montagnards s'achève par l'élimination des premiers en 1793. Vrai ou faux ?

c. Robespierre est membre du Comité de sûreté générale. Vrai ou faux ?

9. Rendez à Danton et à Robespierre les mots qui leur appartiennent. Deux indices viennent vous y aider :

a. « Soyons terribles pour dispenser le peuple de l'être. Organisons un tribunal, non pas bien, c'est impossible, mais le moins

mal qu'il se pourra afin que le peuple sache que le glaive de la justice pèse sur la tête de tous ses ennemis. »
Indice : sur l'échafaud, il s'est adressé au bourreau : « Tu montreras ma tête au peuple, elle en vaut la peine. »
b. « La vertu, sans laquelle la terreur est funeste ; la terreur, sans laquelle la vertu est impuissante. »
Indice : on le surnomme l'« Incorruptible ».

10. À la fin de l'année 1795, la carrière de Bonaparte connaît une soudaine accélération. Quelle en est la raison ?

    ❏ son mariage avec Joséphine, ancienne maîtresse de Barras
    ❏ la mise au pas d'un soulèvement royaliste à Paris
    ❏ une campagne militaire en Égypte

Réponses

1. Des cahiers de doléances.

Les cahiers de doléances représentent un formidable outil pour connaître la société française de la fin de l'Ancien Régime. S'ils reflètent une certaine fidélité à l'égard de la monarchie, ils expriment les critiques des sujets contre la fiscalité ou contre la morgue et les exigences des seigneurs. Les préoccupations concrètes qu'ils donnent à voir contrastent avec les idées plus générales, plus philosophiques, des élites imprégnées de l'esprit des Lumières.

2. « Qu'est-ce que le tiers état ? Tout. Qu'a-t-il été jusqu'à présent ? Rien. Que demande-t-il ? À devenir quelque chose. »

Concision, art de la formule : *Qu'est-ce que le tiers état ?* publié en janvier 1789 assure à l'abbé Sieyès une solide popularité. Il avait déjà publié auparavant un court pamphlet, *Essai sur les privilèges*, qui témoignait clairement de sa haine de l'aristocratie.

3.

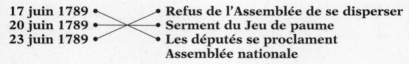

17 juin 1789 • • **Refus de l'Assemblée de se disperser**
20 juin 1789 • • **Serment du Jeu de paume**
23 juin 1789 • • **Les députés se proclament Assemblée nationale**

Ces trois dates marquent bien le premier acte de la Révolution. Le 17 juin, considérant, comme l'affirme Sieyès, que le tiers incarne les « quatre-vingt-seize centièmes au moins de la Nation », les députés se proclament Assemblée nationale, ce qui revient à opposer une autre souveraineté à la souveraineté royale. Trois jours plus tard, ils prêtent dans la salle du Jeu de paume le serment de ne pas se séparer sans avoir doté la France d'une constitution. Et le 23, lorsque le marquis de Dreux-Brézé, à l'issue d'une séance royale qui avait pour objet d'annuler les initiatives du tiers, intime aux députés l'ordre de se séparer, c'est le refus, immortalisé par l'apostrophe de Mirabeau : « Allez dire à votre maître que nous sommes ici par la volonté du peuple, et qu'on ne nous en arrachera que par la puissance des baïonnettes. »

4. La Bastille.

Avant même la Révolution, la vieille forteresse avait fini par symboliser le régime en place. Sa destruction était envisagée : certains songeaient à lui substituer une vaste place royale en l'honneur du souverain... Elle est prise d'assaut par les Parisiens le 14 juillet et les travaux de démantèlement commencent aussitôt.

5. De la fuite de la famille royale et de son arrestation à Varennes.

Le 5 octobre 1789, les Parisiennes avaient marché sur Versailles. Elles réclamaient du pain et entendaient soustraire le roi aux pressions des adversaires de la Révolution. Le lendemain, le souverain et sa famille avaient été ramenés à Paris : ils résidaient désormais aux Tuileries. En choisissant, en juin 1791, de fuir la capitale pour gagner la frontière, le roi imprime indéniablement un nouveau cours à la Révolution : la monarchie constitutionnelle que l'Assemblée s'efforce de fonder se trouve fragilisée, la figure royale perd de sa sacralité, l'absence du souverain suffit à faire avancer l'idée républicaine.

6. Bataille de Valmy.

La guerre engagée par la France révolutionnaire au printemps 1792 commence mal : les troupes austro-prussiennes remportent des succès qui créent la panique sur le territoire national. Comme pour exorciser leur peur, les sans-culottes parisiens, sur fond de rumeur d'une alliance entre ennemis étrangers et ennemis de l'intérieur, massacrent les détenus des prisons parisiennes (2-6 septembre). Dans ces conditions, l'annonce de la victoire de Valmy apparaît comme une délivrance. Peu importe que les opérations militaires aient surtout consisté en une terrible canonnade, que les ennemis aient été davantage décimés par la dysenterie que par les troupes françaises. On retient le geste de Kellermann à cheval, brandissant son chapeau tricolore à la pointe de son sabre, et criant « Vive la Nation ! » pour galvaniser ses hommes. La victoire (20 septembre) coïncide heureusement avec la première séance de la Convention (21 septembre) : c'est l'acte de baptême de la République.

7.

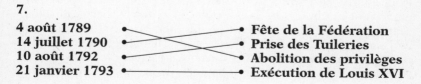

4 août 1789	Fête de la Fédération
14 juillet 1790	Prise des Tuileries
10 août 1792	Abolition des privilèges
21 janvier 1793	Exécution de Louis XVI

La nuit du 4 août 1789, lors de laquelle ont été abolis les privilèges, représente un événement considérable. Les privilèges étaient en effet la clef de voûte de l'Ancien Régime, fondé sur l'inégalité. Trois semaines plus tard, les Constituants votent la Déclaration des droits de l'homme et du citoyen, qui inscrit l'égalité comme principe fondamental, ainsi qu'en atteste l'article premier : « Les hommes naissent et demeurent libres et égaux en droit. »

Pour célébrer l'anniversaire de la prise de la Bastille est organisée à Paris la première grande fête révolutionnaire. Cette fête de la Fédération rassemble sur le Champ-de-Mars des délégués des Gardes nationales et des troupes venus de tout le pays : elle entend mettre en scène l'unité de la nation et de son roi.

Le 10 août 1792, alors que les armées ennemies menacent la capitale, des milliers de Parisiens prennent d'assaut les Tuileries. Le roi et sa famille se réfugient à l'Assemblée, qui vote la suspension de la monarchie.

Après débat, il a été décidé que ce serait l'Assemblée elle-même qui jugerait le roi. Louis XVI est condamné à mort, et guillotiné place de la Révolution, le 21 janvier 1793.

8. a. faux ; b. vrai ; c. faux.

Si la Société des amis des droits de l'homme et du citoyen siège au cœur du Quartier latin dans l'ancien couvent des Cordeliers (d'où le nom de club des Cordeliers), la Société des amis de la Constitution tient ses séances dans l'ancien couvent des Jacobins, rue Saint-Honoré. Pendant plusieurs mois, en 1793 et 1794, le club des Jacobins s'impose comme le véritable centre d'impulsion du gouvernement révolutionnaire.

Girondins (Brissot, Vergniaud, etc.) et Montagnards (Danton, Robespierre, etc.) se côtoient et s'affrontent, tant à l'Assemblée qu'au club des Jacobins. Il ne s'agit pas de partis politiques à proprement parler mais de groupes plus ou moins flottants. Sans doute les Girondins sont-ils davantage attachés à la liberté économique, les Montagnards plus sensibles aux questions sociales. Dans cette lutte, ce sont les Montagnards qui prennent le dessus : leurs adversaires finissent sur l'échafaud.

Robespierre est entré au Comité de salut public un an jour pour jour avant sa chute, soit le 27 juillet 1793 (ou 9 thermidor an I). Sous le contrôle de la Convention, les membres du Comité jouent en l'an II un rôle essentiel dans le gouvernement révolutionnaire, puisque leur échoit l'essentiel du pouvoir exécutif. Le Comité de sûreté générale s'occupe, pour sa part, de la police.

9. a. Danton ; b. Robespierre.

En 1793, Danton défend l'idée de l'instauration d'un Tribunal révolutionnaire, tribunal d'exception qui finira par s'identifier à la

Terreur et qui le condamnera à mort. Menacée aux frontières par les armées ennemies, à l'intérieur par les dissensions intestines et la guerre de Vendée, la Révolution se glace en effet, instaurant une véritable violence d'État dont Robespierre se fait le théoricien.

10. La mise au pas d'un soulèvement royaliste à Paris.

La France vient de se doter d'une nouvelle Constitution qui instaure un nouveau régime (le Directoire), et des élections doivent se tenir à partir du 12 octobre. C'est le moment que choisissent les royalistes pour se soulever. L'homme fort du moment, Barras, qui connaît Bonaparte – Joséphine fut sa maîtresse avant de devenir celle de son protégé –, propose au jeune général de rétablir l'ordre. Celui-ci accepte, fait chercher par Murat des canons au camp des Sablons et mitraille les insurgés aux alentours de l'église Saint-Roch (5 octobre ou 13 vendémiaire). Cette action lui vaut le commandement en second de l'armée de l'intérieur, puis le commandement en chef de l'armée d'Italie. Avant son départ, il épouse Joséphine. La campagne d'Italie (1796-1797) offre la gloire à Bonaparte. En 1798-1799, il dirige l'expédition d'Égypte.

9

L'épopée napoléonienne

Le Consulat et l'Empire

Pendant quinze ans Napoléon Bonaparte gouverne la France, comme Premier consul d'abord, puis comme Empereur. Mais la pacification annoncée tourne à la guerre permanente. Dans l'Europe qui subit le joug français, les nationalismes s'exaspèrent, la résistance prend forme, les souverains redressent la tête. Dix ans après Austerlitz, c'est Waterloo : le rêve de Napoléon vient s'échouer au cœur de l'Atlantique sur la petite île de Sainte-Hélène. En dix questions, revivez l'épopée.

1. Quand on évoque Brumaire, à quel événement pensez-vous ?

❏ à une vague de froid s'étant abattue sur la France en novembre 1799

❏ au coup de force d'un général pour s'emparer du pouvoir

❏ à un complot royaliste

2. Le nouveau régime est dirigé par trois consuls. Retrouvez leurs noms dissimulés (horizontalement, verticalement ou en diagonale) dans le carré suivant :

C	R	E	V	O	U	L	N	P	A
E	A	M	E	L	E	B	R	U	N
D	L	M	E	P	O	S	V	R	E
R	I	A	B	A	V	S	F	E	I
I	F	A	C	A	B	O	U	T	R
L	E	P	O	M	C	A	T	E	S
M	G	I	N	R	T	E	R	R	A
O	E	N	T	E	I	U	R	I	U
B	O	N	A	P	A	R	T	E	L
V	U	E	S	I	R	T	E	T	S

3. Rayez l'intrus.

Sous le Consulat et l'Empire ont été créés :
la Banque de France – le franc germinal – les lycées – le Code civil – le Code pénal – les départements – les préfets.

4. Le 15 juillet 1801 est signé le Concordat. De quoi s'agit-il ?
❑ du rétablissement de la paix civile après les guerres de Vendée
❑ d'une trêve avec l'Angleterre
❑ d'une paix religieuse signée avec le pape

5. Le 2 décembre 1804, la cérémonie du sacre de Napoléon est célébrée :
❑ au Champ-de-Mars ❑ à Notre-Dame
❑ dans la cathédrale de Reims ❑ aux Invalides

6. « Soldats, je suis content de vous… Il vous suffira de dire : "J'étais à la bataille d'Austerlitz", pour que l'on réponde : "Voilà un brave." » Où donc se trouve Austerlitz ?
❑ en Prusse ❑ en Moravie ❑ en Bavière

7. Maastricht, Anvers ou Turin sont, sous l'Empire, des chefs-lieux de départements. En 1811, la France comprend :
❑ 102 départements ❑ 133 départements ❑ 166 départements

8. « Cette malheureuse guerre m'a perdu, elle a divisé mes forces, attaqué ma moralité en Europe. J'embarquai fort mal l'affaire, je le confesse… » Une fois n'est pas coutume, Napoléon admet avoir commis une erreur. Mais de quelle guerre s'agit-il ?
❑ l'éternel conflit avec l'Angleterre
❑ la guerre d'Espagne
❑ la campagne de Russie

9. Les Adieux de Fontainebleau, lors desquels Napoléon prend congé de ses soldats dans la cour d'honneur du château, ont eu lieu (attention, plusieurs réponses sont possibles) :
❑ après la campagne de France
❑ avant son départ pour l'île d'Elbe
❑ avant les Cent-Jours

10. « Vivant, il a manqué le monde, mort, il le possède. » Ce jugement sur Napoléon est de :
❑ Chateaubriand ❑ Talleyrand

Réponses

1. Au coup de force d'un général pour s'emparer du pouvoir.
Depuis qu'il est né, le Directoire est instable. Les complots jacobins
se succèdent tandis que les royalistes tissent leurs réseaux et veulent croire à une restauration monarchique. Il ne se trouve plus
grand monde pour soutenir le régime. C'est dans ce contexte
qu'autour de Sieyès se noue un coup d'État. Il s'agit de mettre en
place un exécutif fort et l'on cherche un bras armé susceptible
d'accomplir l'opération. Ce sera Bonaparte, revenu à point nommé
d'Égypte. Non sans difficultés, le général renverse le Directoire, les
18 et 19 Brumaire de l'an VIII. Le Consulat est instauré.

2.

C	R	E	V	O	U	L	N	P	A
E	A	M	E	L	E	**B**	**R**	**U**	**N**
D	L	**M**	E	P	O	S	V	R	E
R	I	A	**B**	A	V	S	F	E	I
I	F	**A**	C	A	B	O	U	T	R
L	E	P	O	M	**C**	A	T	E	S
M	G	I	N	R	T	**E**	R	R	A
O	E	N	T	E	I	U	**R**	I	U
B	**O**	**N**	**A**	**P**	**A**	**R**	**T**	**E**	L
V	U	E	S	I	R	T	E	T	**S**

Au soir du coup d'État, une commission provisoire de trois consuls
avait été nommée : elle réunissait Bonaparte, Sieyès et Ducos.
Un mois plus tard, la nouvelle Constitution entre en vigueur.
Désormais, les trois consuls sont Bonaparte, Lebrun et Cambacérès.
À vrai dire, seul Bonaparte, Premier consul, détient réellement le
pouvoir.

3. L'intrus : **les départements.**
Ils ont été créés en 1789. Cependant, c'est bien Bonaparte qui crée
en 1800, pour les administrer, les préfets et les sous-préfets. Parce
qu'il sait qu'il lui faut une élite de fonctionnaires pour diriger
l'administration, le Premier consul met en place les lycées, à la
discipline toute militaire. Il redresse aussi les finances de l'État en
fondant la Banque de France (qui reçoit le monopole d'émission
des billets) et en instituant le franc germinal dont la valeur est fixée
à 322,5 mg d'or. On sait enfin que le Code civil (qui encadre les

relations sociales et familiales de la naissance à la mort) et le Code pénal (qui définit infractions – crimes et délits – et peines) sont un héritage du Consulat et de l'Empire.

4. D'une paix religieuse signée avec le pape.

La confiscation des biens du clergé et l'organisation de celui-ci en service public (Constitution civile du clergé) avaient brouillé la France avec la papauté. Le pays se trouvait religieusement déchiré : au clergé constitutionnel s'opposait un clergé réfractaire ; les fidèles ne savaient pas toujours qui suivre et que croire. La nécessité d'un apaisement, indispensable pour panser les plaies de la guerre civile, conduit Bonaparte à négocier un Concordat avec le pape Pie VII. Cet accord, qui définit la religion catholique comme « la religion de la grande majorité des Français », réorganise l'Église et définit ses relations avec l'État. Signé le 15 juillet 1801, il restera en vigueur jusqu'à la séparation des Églises et de l'État, en 1905.

Les guerres vendéennes sont achevées pour l'essentiel lorsque Bonaparte prend le pouvoir. Mais il revient au Premier consul d'avoir signé dès novembre 1799 une trêve avec les chefs de la chouannerie et réussi, dans les mois qui ont suivi, la pacification presque totale de l'Ouest de la France, fief des royalistes.

Pour ce qui concerne l'Angleterre, Bonaparte peut se prévaloir d'avoir signé avec elle la paix d'Amiens, le 25 mars 1802. On sait qu'elle fut bien éphémère.

5. À Notre-Dame.

Si une cérémonie à Reims, lieu du sacre des rois, était impossible, les Invalides aussi bien que le Champ-de-Mars auraient pu convenir. Mais Napoléon préfère Notre-Dame et s'en explique : « On a songé au Champ-de-Mars par réminiscence de la Fédération, mais les temps sont bien changés : le peuple alors était souverain, tout devait se faire devant lui ; gardons-nous de lui donner à penser qu'il en est toujours ainsi. » David a immortalisé cette cérémonie dans un tableau célèbre qui met en scène le moment où Napoléon, après avoir reçu l'onction du pape Pie VII et posé lui-même sur sa tête un cercle de lauriers, s'apprête à couronner Joséphine. On oublie parfois que la cérémonie à Notre-Dame se partagea en deux temps et deux lieux : le moment proprement religieux du sacre et du couronnement dans le chœur, le moment laïque, dans la nef, de la prestation de serment constitutionnel.

6. En Moravie.

La bataille dite « des Trois Empereurs » oppose les Français aux Autrichiens et aux Russes. Après une marche forcée à travers l'Europe, Napoléon décide, le 2 décembre 1805, jour anniversaire du sacre, de livrer bataille malgré l'infériorité numérique de son armée. Depuis le plateau de Pratzen où il s'est massé, l'ennemi attaque son flanc droit, comme l'Empereur l'a prévu ; il ordonne alors l'assaut du plateau : les Austro-Russes sont écrasés tandis que les rayons du soleil percent le brouillard matinal. Ce succès spectaculaire, aussitôt diffusé par la propagande impériale, éclipse le terrible désastre naval de Trafalgar (21 octobre) qui laisse la Grande-Bretagne maîtresse des mers.

7. 133 départements.

Autour de cette France des 133 départements se trouvent des États satellites confiés par l'Empereur à des membres de sa famille : ses frères Louis et Joseph sont ainsi respectivement roi de Hollande et roi d'Espagne ; Murat, époux de Caroline Bonaparte, est roi de Naples. Napoléon attend de ces souverains nommés par lui qu'ils restent soumis à ses ordres.

8. La guerre d'Espagne.

Si l'Empereur s'exprime ainsi à propos du « guêpier » espagnol, son commentaire pourrait à vrai dire convenir pour la campagne de Russie. L'une et l'autre de ces aventures auront à coup sûr prouvé la démesure du projet impérial et montré que Napoléon n'était pas invincible. Mais le blocus continental conduit nécessairement l'Empereur à une expansion infinie puisqu'il entend fermer à l'Angleterre toute possibilité de commerce avec le continent. Pour ce faire, il lui faut contrôler le Portugal comme l'Espagne où éclate la révolte ; de même, lorsqu'il comprend que le tsar ne respecte pas l'alliance contractée avec la France, il décide de lui faire la guerre. On connaît la suite, une débâcle à la mesure de la légende impériale : l'incendie de Moscou qui conduit la Grande Armée à faire retraite ; le froid, la neige et la faim, le passage héroïque mais meurtrier de la Berezina. À vouloir abattre l'Angleterre, Napoléon aura ainsi usé ses forces et celles de son pays.

9. Après la campagne de France ; avant son départ pour l'île d'Elbe ; avant les Cent-Jours.

Depuis le désastre de la retraite de Russie, l'Empire se lézarde ; l'Europe entière relève la tête. Napoléon est battu à Leipzig en octobre 1813. Pour la première fois depuis qu'il a pris le pouvoir, c'est en France que vont désormais se dérouler les opérations militaires. Malgré quelques victoires, l'Empereur doit abdiquer le 6 avril 1814. Après ses Adieux de Fontainebleau, il part pour l'île d'Elbe dont les Anglais lui ont accordé la souveraineté. L'île est bien petite, mais grande encore est l'ambition de l'Empereur déchu qui décide de franchir la Méditerranée. Le 1ᵉʳ mars 1815, il débarque à Golfe-Juan. Commence une aventure d'un peu plus de trois mois (les « Cent-Jours ») : de retour à Paris, Napoléon procède à une réforme constitutionnelle mais doit immédiatement lever une armée car les puissances ne veulent plus de celui qu'elles désignent comme « l'ennemi et perturbateur du repos du monde ». L'armée anglaise de Wellington et les troupes prussiennes de Blücher l'emportent à Waterloo (18 juin 1815). Napoléon est exilé à Sainte-Hélène où il meurt le 5 mai 1821.

10. Chateaubriand.

L'écrivain qui, par la seule force de sa plume, s'est voulu le grand adversaire de Napoléon, ne se trompe pas. Sainte-Hélène a métamorphosé l'Empereur déchu en héros. Le proscrit a su mettre à profit ses années d'exil pour tisser lui-même sa légende en dictant ses Mémoires à Las Cases. Ce dernier les publie en 1823 sous le titre de *Mémorial de Sainte-Hélène*.

10

La liberté ou l'autorité

Monarchie, République ou Empire ?

Les Français n'en finissent plus de s'entre-déchirer sur le régime susceptible de leur convenir le mieux. Le temps est aux barricades, à l'affrontement entre apologistes de l'ordre et partisans de la liberté. C'est ainsi peut-être que se fait le lent apprentissage de la citoyenneté, avec toujours la grande Révolution pour toile de fond, que l'on rejette l'événement ou que l'on cherche à en apprivoiser l'héritage. Revivez cette histoire, rythmée par les soubresauts politiques, vibrant de toutes les espérances et d'une inaltérable foi dans le progrès.

1. En 1815, après plus de vingt ans d'exil, les Bourbons retrouvent leur trône. Comment appelle-t-on la période qui commence alors ?

❏ la Reconstruction ❏ la Restauration ❏ la Revanche

2. Le retour pur et simple à la monarchie absolue d'Ancien Régime est impossible. Il faut un texte qui définisse et donc limite les pouvoirs du roi : la Charte constitutionnelle organise deux Chambres, la Chambre des pairs et celle des députés. Les premiers sont nommés par le roi, les seconds sont élus. Par qui ?

❏ par tous les citoyens, c'est-à-dire au suffrage universel
❏ par un corps électoral de 500 000 électeurs
❏ par un corps électoral limité à 90 000 électeurs

3. On a souvent opposé un peu caricaturalement un Louis XVIII libéral, modéré, prêt aux concessions, à son successeur Charles X, présenté comme un « ultra » borné, réactionnaire, désireux d'en revenir à l'Ancien Régime. Que savez-vous de ces deux souverains ? Rayez les affirmations fausses.

a. Louis XVIII et Charles X étaient père et fils.

b. Tous deux étaient les neveux de Louis XVI.

c. Ils sont les derniers rois Bourbons descendant de Louis XIV.

4. On peut dire que la Révolution de 1830 marque une rupture :

☐ parce que désormais il n'y a plus de roi de France

☐ parce que la République est proclamée

5. Prince du sang, il a assisté au procès de Louis XVI, parlé avec Danton, dîné avec Robespierre, assisté à des séances du club révolutionnaire des Jacobins. À dix-huit ans, il a été général de la Révolution avant de s'exiler. Il affecte de serrer les mains de ses concitoyens, de chanter *La Marseillaise*, de porter le pantalon. Il est bien plus en phase avec son temps que ses cousins Bourbons. Lorsque éclate la révolution dite des Trois Glorieuses, il se veut légaliste, ne bouge pas, attendant que lui soient proposées la lieutenance générale du royaume puis la couronne, avec la double onction des députés au Palais-Bourbon et du vieux Lafayette au balcon de l'Hôtel de Ville. Qui est-il ?

6. Louis-Philippe déclare, le 1er février 1848 : « Deux choses sont désormais impossibles en France : la révolution et la guerre. » Pourtant l'une des deux est imminente. Laquelle ?

7. Les mesures suivantes furent prises très rapidement après les journées de février 1848. Toutes sauf une, car un intrus s'est glissé dans la liste. À vous de l'identifier et de le rayer.

a. choix du drapeau rouge

b. abolition de l'esclavage dans les colonies

c. abolition de la peine de mort pour raison politique

d. adoption du suffrage universel

e. création d'ateliers nationaux

8. Qui fut le premier président de la République de l'histoire française ?

☐ Lamartine ☐ Louis Napoléon Bonaparte ☐ Cavaignac

9. La première moitié du XIXe siècle fut indéniablement l'âge d'or des barricades. Parmi les trois personnages suivants, qu'ils

67

soient réels ou de fiction, deux sont morts sur les barricades. Lesquels ?

❏ Gavroche   ❏ Baudin   ❏ Schœlcher   ❏ Larousse

10. « L'impératrice est légitimiste ; le prince Napoléon est républicain ; Morny est orléaniste ; moi-même, je suis socialiste ; il n'y a que Persigny qui soit bonapartiste, et il est fou. » Cette boutade de Napoléon, peu amène pour son ministre de l'Intérieur, suggère chez l'Empereur des préoccupations sociales. Parmi les affirmations suivantes, une seule est fausse. Laquelle ?

a. Avant d'exercer le pouvoir, il a publié un livre s'intitulant *L'Extinction du paupérisme*.

b. Il a octroyé le droit de grève.

c. Il s'est préoccupé de logement social.

d. Il a créé un système de retraites ouvrières.

11. Dans le tableau suivant, saurez-vous trouver quatre noms d'individus célèbres s'étant illustrés, chacun dans un domaine différent, pendant le Second Empire ? Pour vous aider, voici quelques indices :

Un révolutionnaire italien – le patron du Creusot – une fratrie de banquiers et hommes d'affaires – un préfet urbaniste.

P	O	L	O	T	C	T	I	U	P
O	R	A	U	P	A	R	R	L	E
U	S	C	H	N	E	I	D	E	R
T	I	C	H	E	T	R	T	T	E
A	N	H	R	A	I	T	A	R	I
T	I	Z	I	S	U	E	U	A	R
H	A	U	S	S	M	A	N	N	E
V	A	L	D	I	T	V	A	O	P
T	A	M	M	E	R	O	M	L	E
E	L	E	P	H	A	U	T	O	S

Réponses

1. La Restauration.

La Restauration de la monarchie s'est accompagnée d'une volonté de revanche : les royalistes, surtout dans le Midi, s'en prennent violemment aux jacobins et aux bonapartistes. De son côté, sous la pression des ultras de la Chambre, le nouveau régime se livre à une épuration politique et administrative. Cette « Terreur blanche » fait de nombreuses victimes. Certains aristocrates se mettent à rêver : et si le retour du roi signifiait celui de l'Ancien Régime ?

2. Par un corps électoral limité à 90 000 électeurs.

Il faut avoir trente ans pour voter et le cens est fixé à 300 francs, ce qui revient à dire que seuls ceux qui paient un impôt égal ou supérieur à ce montant peuvent voter. Le pays légal – celui qui vote – reste donc bien étroit : 90 000 électeurs seulement, ce qui correspond alors à environ 1 % des Français majeurs.

3. Il fallait rayer les affirmations **a** et **b** qui sont fausses.

Louis XVIII et Charles X sont tous deux les frères de Louis XVI. Louis XVIII meurt le 16 septembre 1824 sans enfant ; Charles X est chassé par la Révolution de 1830.

4. Parce que désormais il n'y a plus de roi de France.

« Il nous faut cette république déguisée sous une monarchie » (31 juillet), écrit Thiers dans son journal *Le National* à l'issue des trois journées révolutionnaires qui contraignent Charles X à l'exil. Son raisonnement est clair : puisque la République, assimilée au désordre et à la Terreur, fait peur, il faut choisir un nouveau roi, susceptible de réussir la synthèse entre la monarchie et la Révolution. Comme Louis XVI à l'heure de la monarchie constitutionnelle, il sera *roi des Français*, et pour marquer la filiation avec les temps révolutionnaires, il régnera sous le drapeau tricolore.

5. Louis-Philippe, duc d'Orléans, qui devient en 1830 Louis-Philippe Iᵉʳ, roi des Français.

Louis-Philippe se veut homme de la mesure. « Nous chercherons à nous tenir dans un juste milieu, également éloigné des excès du pouvoir populaire et des abus du pouvoir royal. » Les pamphlétaires n'en finiront plus d'ironiser sur ce « juste milieu », de même que les caricaturistes trouveront une inspiration facile dans la tête royale en forme de poire, agrémentée d'un parapluie en guise de sceptre.

6. La révolution.

Louis-Philippe croit qu'il lui suffit de respecter la Charte pour être inexpugnable. Mais aux difficultés économiques – de mauvaises récoltes pèsent sur la consommation industrielle – s'ajoutent les revendications politiques : elles ont pour principal objet l'obtention du suffrage universel refusé obstinément par le roi vieillissant. En février 1848 éclate une nouvelle révolution, dite « les Trois nouvelles Glorieuses ».

7. a. choix du drapeau rouge.

La République est proclamée le 24 février 1848. Avant même que l'Assemblée constituante ne soit élue et ne commence à siéger, le gouvernement provisoire multiplie les mesures fortes : adoption du suffrage universel masculin, abolition de la peine de mort pour raison politique, abolition de l'esclavage dans les colonies. Louis Blanc rédige un décret qui annonce la création imminente d'ateliers nationaux. La IIe République naissante se veut l'incarnation des principes de *Liberté*, d'*Égalité* et de *Fraternité*. Pour autant, Lamartine, chef du gouvernement provisoire, n'entend pas se laisser imposer le drapeau rouge : il « n'a jamais fait que le tour du Champ-de-Mars, traîné dans le sang du peuple, en 91 et 93 ; et le drapeau tricolore a fait le tour du monde avec le nom, la gloire et la liberté de la patrie ».

8. Louis Napoléon Bonaparte.

Cinq candidats se sont affrontés pour la première élection à la présidence de la République de l'histoire française (outre le vainqueur, Cavaignac, Lamartine, Ledru-Rollin et Changarnier). La création de cette institution avait suscité d'âpres débats à l'Assemblée constituante, car certains voyaient là un prélude à une possible dictature. On avait donc décidé que le mandat serait de quatre ans et non renouvelable. L'élection se fait au suffrage universel direct. Cavaignac obtient un score honorable : ce républicain convaincu avait réprimé sévèrement l'insurrection de juin 1848 qui avait suivi à Paris l'abolition des ateliers nationaux et il exerçait depuis lors le pouvoir exécutif. Mais Louis Napoléon Bonaparte, neveu de Napoléon Ier, écrase tous ses rivaux. Inconnu des Français avant février, cet éternel aventurier, échappé de la forteresse de Ham où il croupissait après deux tentatives de coup d'État, doit à son nom une élection triomphale. Faute de pouvoir se présenter pour un second mandat présidentiel, Louis Napoléon Bonaparte organisera un coup d'État le 2 décembre 1851.

9. **Gavroche** et **Baudin**.

Seuls Gavroche (le célèbre personnage des *Misérables*) et Baudin sont morts sur des barricades. Le premier, à proximité de l'église Saint-Merri, rue de la Chanvrerie ; le second sur une barricade hâtivement dressée dans le faubourg Saint-Antoine, à l'instigation de Baudin, de Schœlcher et de quelques autres députés, dans l'espoir de soulever les habitants contre le coup d'État de Louis Napoléon Bonaparte. Larousse raconte avoir assisté à la scène célèbre lors de laquelle Baudin s'est exclamé : « Vous allez voir comment on meurt pour 25 francs » (tel était le montant journalier de l'indemnité parlementaire). L'épisode en a fait un martyr de la République et lui vaudra plus tard la « panthéonisation ».

10. d. **Il a créé un système de retraites ouvrières.**

Les préoccupations sociales de Louis Napoléon Bonaparte sont manifestes, bien avant qu'il n'exerce le pouvoir. Dans sa prison de Ham, il a publié en 1844 *L'Extinction du paupérisme*. Devenu empereur, il s'intéresse de très près au logement social : dès 1853, il annonce dans *Le Moniteur* son intention de construire des cités ouvrières. Quant au droit de grève, il est accordé par une loi de 1864. Il y a bien sûr une part d'opportunisme dans toutes ces mesures : l'empereur croit pouvoir conquérir l'électorat ouvrier.

11.

P	O	L	O	T	C	T	I	U	**P**
O	**R**	A	U	P	A	R	R	L	**E**
U	**S**	**C**	**H**	**N**	**E**	**I**	**D**	**E**	**R**
T	**I**	C	H	E	T	R	T	T	**E**
A	**N**	H	R	A	I	T	A	R	**I**
T	**I**	Z	I	S	U	E	U	A	**R**
H	**A**	**U**	**S**	**S**	**M**	**A**	**N**	**N**	E
V	A	L	D	I	T	V	A	O	P
T	A	M	M	E	R	O	M	L	E
E	L	E	P	H	A	U	T	O	S

Le 14 janvier 1858, l'Italien Orsini lance trois bombes à l'Opéra. Une façon peut-être de susciter une vague révolutionnaire dont il espère qu'elle pourrait se propager et conduire son pays vers l'unité. Napoléon III en réchappe. L'empereur décide cependant de participer à la lutte des Italiens contre l'occupation autri-chienne. Cette intervention, ponctuée par les victoires de Magenta et de Solferino, contribue à l'unification italienne. Elle vaut à la France le rattachement du comté de Nice et de la Savoie.

Les frères Pereire attachent leur nom au spectaculaire essor du chemin de fer (PLM), à la spéculation immobilière et au déve-loppement des banques (Crédit mobilier). Eugène Schneider est le patron de la grande entreprise sidérurgique française qui connaît alors son âge d'or, dans la ville-usine du Creusot. Quant à Haussmann, préfet de Paris, on sait qu'il fut le grand ordonna-teur de la spectaculaire métamorphose de la capitale, qui s'adapte alors à l'ère industrielle.

11

Les pères de la République

L'enracinement d'un régime

C'est en 1880 que la France célèbre pour la première fois, et en grande pompe, le 14 Juillet, désormais déclaré fête nationale. Après dix ans de luttes politiques et d'incertitudes, la République apparaît enfin bien assise. Dans ce chapitre, vous allez apprendre *La Marseillaise* sur les bancs de l'école laïque, gratuite et obligatoire, vibrer à la lecture par l'instituteur des plus belles pages de l'histoire de France. Peut-être même aurez-vous la chance de visiter l'une de ces expositions universelles qui font l'orgueil de la nation et de découvrir l'immense tour de métal de M. Eiffel...

1. Waterloo avait mis un terme définitif au Premier Empire. Quelle est la raison de la chute du Second Empire en septembre 1870 ?

❏ une révolution ❏ une défaite militaire

2. Dans la semaine du 21 au 28 mai 1871, se dénoue tragiquement l'un des épisodes les plus marquants de l'histoire du monde ouvrier et du socialisme français. Comment se nomme-t-il ?

3. Il dirige la France de 1871 à 1873 et négocie la paix avec la Prusse. Qui est-il ?

❏ Jules Ferry ❏ Adolphe Thiers ❏ Léon Gambetta

4. Les indices suivants doivent vous permettre d'identifier un célèbre personnage :
Un ballon (l'*Armand-Barbès*) – un groupe parlementaire (l'Union Républicaine) – un journal (*La République française*) – une célèbre formule (« Le cléricalisme, voilà l'ennemi »).

5. Président du Conseil de septembre 1880 à novembre 1881 puis de février 1883 au 30 mars 1885, il a attaché son nom à l'une des mesures les plus importantes de la IIIe République. Pour retrouver son identité, aidez-vous des indices suivants qui sont cachés sous ces trois anagrammes :
ITTAUGRE – BOITONGALI – CAITILE.

6. « J'ai perdu deux sœurs, et vous m'offrez vingt domestiques. » Cette phrase célèbre et provocante du nationaliste français Déroulède concerne la colonisation. Mais que signifie-t-elle exactement ?
a. Elle prend la défense de la colonisation.
b. Elle condamne la colonisation.

7. Pour le quatre-vingtième anniversaire de ce grand écrivain a été organisé un défilé depuis l'Arc de Triomphe jusqu'à son domicile de l'avenue d'Eylau, partiellement rebaptisée à son nom pour l'occasion. Sa mort est l'occasion de funérailles nationales grandioses. Qui est-il ?

8. Le général Boulanger, en tant que ministre de la Guerre, a fait peindre les guérites des soldats en bleu, blanc, rouge. Vrai ou faux ?
❏ vrai ❏ faux

9. Une de ces deux grandes réalisations a provoqué un scandale retentissant, laquelle ?
❏ le canal de Suez ❏ le canal de Panamá

10. Ces trois indices doivent vous permettre d'identifier une affaire qui a profondément divisé le pays à la fin du XIXe siècle :
Espionnage – « J'accuse » – intellectuels.

11. De ces trois événements, lequel ne s'est pas déroulé en 1905 ?
❏ la victoire électorale du Bloc des gauches
❏ la séparation des Églises et de l'État
❏ la création de la SFIO

Réponses

1. Une défaite militaire (Sedan).

La Ire République était née dans l'euphorie de la victoire de Valmy, la IIIe naît dans la défaite : les troupes françaises ont été vaincues à Sedan (dans les Ardennes) le 2 septembre et Napoléon III est prisonnier des Prussiens. Le 4 septembre, la République est proclamée à l'Hôtel de Ville de Paris. Est mis en place un gouvernement de la Défense nationale qui en appelle à l'« union intime de l'armée et du peuple » afin de continuer le combat. Les mois qui suivent sont difficiles : il faut signer un armistice, organiser un scrutin pour élire l'Assemblée qui devra à la fois signer la paix et donner de nouvelles institutions au pays. Or ce sont les monarchistes qui l'emportent : la République naissante paraît bien fragile...

2. La Commune.

Les Parisiens, qui ont soutenu contre les Prussiens un siège long et difficile, refusent la défaite ; ils se défient de l'Assemblée, majoritairement monarchiste, qui a décidé de siéger à Versailles. Lorsque Thiers envoie des troupes récupérer les canons disposés sur la butte Montmartre éclate l'insurrection (18 mars). Des élections municipales sont organisées, marquées par une forte abstention : la Commune se met en place ; elle a un programme (laïcité, séparation des Églises et de l'État, abolition de la conscription, etc.) mais n'a guère le temps de le mettre en œuvre, car sa priorité est de préparer le combat contre les « Versaillais ». La « semaine sanglante » commence le 21 mai, marquée d'un côté par les exécutions d'otages et l'incendie des bâtiments publics (ainsi de l'Hôtel de Ville), de l'autre par la répression la plus implacable : les derniers insurgés sont exécutés devant le mur des Fédérés, dans le cimetière du Père-Lachaise.

Marx voulut voir dans cet événement une aurore libératrice, la première révolution socialiste authentiquement prolétarienne. La Commune apparaît cependant plutôt comme la dernière des grandes insurrections du Paris révolutionnaire qui, depuis quatre décennies, se hérisse régulièrement de barricades.

3. Adolphe Thiers.

Thiers doit le pouvoir à sa longue expérience politique et à sa lucidité qui lui a fait refuser – seul parlementaire contre tous – l'aventure de la guerre contre la Prusse. Il lui revient de négocier le traité de Francfort qui ampute la France de l'Alsace et de la Moselle. L'Assemblée élue au début de l'année 1871 est divisée entre monarchistes et républicains. Thiers s'est engagé à rester neutre sur la question du régime, mais il comprend vite qu'un nouvel essai de la république est « inévitable ». Mis en minorité en mai 1873, il démissionne. À la tête du gouvernement lui succède Albert de Broglie ; à la tête de l'État le maréchal Mac-Mahon, qui déclare vouloir travailler au « rétablissement de *l'ordre moral* dans notre pays ». Cet ordre moral doit passer par un raffermissement du catholicisme. Mais les élections de 1876 marquent une victoire des républicains. Et si, l'année suivante, le président Mac-Mahon tente un dernier coup en dissolvant l'Assemblée, de nouvelles élections, dont le grand orchestrateur est Gambetta, confirment l'enracinement de la République dans le pays.

4. Léon Gambetta.

Si Thiers s'est converti à la République, Gambetta a toujours ardemment combattu pour l'avènement de celle-ci. Élu député de Belleville en 1869, il endosse le programme radical, celui-là même que la IIIᵉ République mettra en œuvre dans les décennies qui vont suivre. Lors de la guerre franco-prussienne, il se refuse à la défaite, quitte Paris assiégé en ballon pour organiser la « Défense nationale » dans tout le pays. Mais l'armistice est signé. Désormais, Gambetta se fait le « commis voyageur de la République » : il multiplie les discours dans les villes de province, s'y affirme comme le propagandiste des idées républicaines. Le poids de son groupe parlementaire (l'Union Républicaine) à l'Assemblée lui vaut de former enfin un gouvernement en novembre 1881. Parce qu'il ne comprend aucun grand nom – le charisme autoritaire de Gambetta fait peur –, on le désignera ironiquement comme le « grand ministère »... qui fut aussi bien court puisqu'il tombe dès la fin janvier 1882. Léon Gambetta meurt quelques mois plus tard, à 44 ans.

5. Les indices : **gratuité – obligation – laïcité.**
Le personnage à découvrir : **Jules Ferry.**
Pour les républicains, il ne fait aucun doute que l'enracinement du nouveau régime passe par l'instruction. La République suppose une pédagogie. C'est ainsi qu'il faut comprendre les lois Ferry de 1881-1882, qui fondent l'école gratuite, obligatoire et laïque. Désormais, l'école formera des citoyens dévoués à leur patrie. Ainsi que le demande Paul Bert, c'est à l'instituteur de « rappeler aux enfants les gloires de notre pays, leur en rappeler les héros, les enthousiasmer au récit de tant de faits de dévouement à la patrie et au devoir [...],

les attendrir et les indigner en leur racontant et leur expliquant nos malheurs ».

6. Elle condamne la colonisation : les deux sœurs sont l'Alsace et la Lorraine ; les vingt domestiques sont les colonies françaises. Au lendemain de la défaite de 1870, la droite nationaliste entend porter les couleurs de la Revanche et rester les yeux fixés sur la « ligne bleue des Vosges ». À l'inverse, un bon nombre de républicains cherchent d'autres cieux où manifester la grandeur de la France sans compromettre la paix en Europe : la colonisation s'offre à leurs yeux comme un idéal « civilisateur ». Jules Ferry est l'un des promoteurs convaincus de cette politique d'expansion.

7. Victor Hugo.
Les funérailles occupent une place privilégiée dans le cérémonial républicain. Avant même que le régime ne s'installe, elles permettaient à ceux qui n'étaient encore que des opposants de se rassembler, de se compter, et parfois même tournaient à l'émeute. À présent que la République s'affermit, elle forge un rituel grandiose dans lequel le Panthéon est de nouveau voué au culte des grands hommes. Victor Hugo est le premier à recevoir ce grand hommage.

8. Vrai.
Boulanger s'est construit un solide renom en tant que ministre de la Guerre. Surnommé le « général Revanche », il apparaît comme l'homme susceptible de préparer le pays à une nouvelle guerre contre l'Allemagne, jugée inévitable. Autour de lui se rassemblent les mécontents de la République, et Boulanger se présente avec succès à des élections partielles qui consacrent sa popularité. Pour autant, il refuse de recourir au coup d'État. Les républicains réagissent, modifient la loi électorale et le menacent d'arrestation. Boulanger quitte la France et se suicide sur la tombe de sa maîtresse.

9. Le canal de Panamá.
Le scandale de Panamá fragilise indéniablement la IIIe République. En proie à des difficultés financières, la Compagnie qui travaille au creusement du canal a besoin d'une loi pour lever de nouveaux fonds. Pour ce faire, elle n'hésite pas à soudoyer des députés et des journalistes. L'antiparlementarisme s'en trouve renforcé. Et nombre de carrières – dont celle de Clemenceau – sont affectées ou brisées, ce qui se traduit par un renouvellement du personnel politique.

10. L'affaire Dreyfus.

À l'origine, une erreur judiciaire : un capitaine de l'état-major accusé à tort d'espionnage. L'affaire naît vraiment lorsque à la suite de l'acquittement d'Estherhazy, le vrai coupable, Émile Zola décide de publier son célèbre « J'accuse... ! » dans *L'Aurore*, dont Clemenceau est l'un des rédacteurs (13 janvier 1898). L'heure de l'affrontement a sonné entre les antidreyfusards (patriotes et nationalistes acharnés à défendre l'honneur de l'armée, antisémites...) et les dreyfusards dont les porte-parole sont la Ligue française pour la défense des droits de l'homme et du citoyen, et ceux, hommes de culture, écrivains, que l'on désigne désormais comme les « intellectuels ». En 1899, Dreyfus est gracié, mais il faut attendre 1906 pour qu'il soit enfin réhabilité.

11. La victoire électorale du Bloc des gauches.

C'est en 1902 que les radicaux, les socialistes et les républicains démocrates l'emportent aux élections législatives. La présidence du Conseil revient à Émile Combes qui prépare la séparation des Églises et de l'État, vieille revendication des radicaux. Votée en juillet, promulguée en décembre 1905, la loi déclare que « la République ne reconnaît, ne salarie, ni ne subventionne aucun culte ». La même année, notamment sous la pression de l'Internationale, les socialistes parviennent enfin à regrouper leurs forces dans une organisation, la Section française de l'Internationale ouvrière (SFIO).

12

Du feu, du sang et des larmes

D'une guerre mondiale à l'autre

28 juin 1914 : l'assassinat de l'archiduc François-Ferdinand à Sarajevo enclenche la mécanique implacable des alliances diplomatiques. Le conflit qui s'ouvre va durer plus de quatre ans. Les « poilus » apprennent la vie des tranchées : le froid, les déluges d'obus et les corps déchiquetés, l'asphyxie par le gaz moutarde, les longues attentes avant les folles offensives, l'espoir d'une lettre, le rêve d'une permission à l'arrière, loin du front et de la mort. Tous voudront croire, la paix revenue, que cette guerre totale était la « der des ders ». Elle n'était en réalité que la première d'un siècle de feu, de sang et de larmes.

1. 31 juillet 1914. Le meurtrier s'appelle Raoul Villain ; il assassine sa victime au café du Croissant, rue Montmartre. La nouvelle se répand comme une traînée de poudre dans Paris : « Ils ont tué .... ». Savez-vous qui ?

2. Testez vos connaissances sur la Première Guerre mondiale : rétablissez les événements suivants dans l'ordre chronologique. Verdun – Chemin des Dames – Taxis de la Marne – Course à la mer.

3. Reliez les événements au lieu et à la date correspondants :

Traité de paix   •   • Rethondes •   • 1918
Création du parti communiste •   • Tours   •   • 1919
Armistice   •   • Versailles •   • 1920

4. Le « Cartel des gauches » emporte les élections de 1924. De quoi s'agit-il ?

❏ d'une alliance entre radicaux et socialistes
❏ d'une alliance entre socialistes et communistes
❏ d'une alliance entre les trois partis de gauche

5. Il fut surnommé « l'apôtre de la paix » et reçut le prix Nobel. Il s'agit de :

❏ Raymond Poincaré ❏ Aristide Briand

6. « Un tour du monde en un seul jour », proclama la publicité. Quel événement veut-elle ainsi saluer ?

❏ l'épopée des vols de l'Aéropostale
❏ l'Exposition coloniale de 1931

7. La crise économique et sociale des années 1930 a des répercussions politiques : c'est le temps des « ligues ». En voici quatre, mais le nom de l'une d'entre elles a été écorché. Lequel ?

a. Matelots du roi
b. Jeunesses patriotes
c. Croix-de-Feu
d. Solidarité française

8. Le Front populaire remporte les élections de 1936. Parmi les conquêtes sociales qui suivent la formation du ministère Blum, figurent les fameux congés payés. Leur durée est de :

❏ une semaine ❏ deux semaines ❏ trois semaines

9. Qui a dit quoi ?

a. « C'est le cœur serré que je vous dis aujourd'hui qu'il faut cesser le combat. »
b. « Quoi qu'il arrive, la flamme de la résistance française ne doit pas s'éteindre et ne s'éteindra pas. »

10. Pétain, à la tête de l'« État français », entend imposer :

❏ le « sursaut national »
❏ la « Révolution nationale »
❏ le « redressement national »

11. Pétain n'a jamais rencontré Hitler.

❏ vrai ❏ faux

12. Voici le nom de quelques résistants célèbres. Deux d'entre eux dirigèrent le Conseil national de la résistance. Lesquels ?

❏ Henri Frenay ❏ Vercors ❏ Pierre-Henri Teitgen
❏ Jean Moulin ❏ Georges Bidault

Réponses

1. Jean Jaurès.

Jaurès a été tué quelques heures avant la mobilisation nationale. Chacun sait le combat du leader socialiste en faveur de la paix. Pour autant, la lutte contre le militarisme et la xénophobie ne signifiait pas nécessairement que l'homme ne se serait pas rallié le moment venu à la Défense nationale, à « l'union sacrée ». C'est ce que laisseront entendre certains de ses amis.

2. Taxis de la Marne, septembre 1914 – Course à la mer, automne 1914 – Verdun, 1916 – Chemin des Dames, 1917.

L'offensive allemande a failli réussir pendant l'été 1914 : Paris est menacé. C'est donc dans des circonstances difficiles que Joffre mène une contre-attaque : la bataille de la Marne contient et refoule l'adversaire. Les deux camps cherchent alors à doubler l'ennemi dans une course à la mer qui étire le front. Avec le creusement des tranchées, commence la guerre d'usure. Mais les états-majors restent prisonniers de la culture de l'offensive. Elle se traduit par des saignées tragiques en 1915, sans que le front ne bouge sensiblement. L'année 1916 est celle de Verdun, l'une des plus spectaculaires boucheries de l'histoire. Pétain, organisateur de la défense (« Ils ne passeront pas Verdun »), y gagne une popularité qui pèsera lourd en 1940. L'état-major pourtant ne renonce pas à rompre les lignes ennemies. L'offensive de Nivelle au Chemin des Dames en avril 1917 coûte près de trois cent mille morts pour un « grignotage » de quelques centaines de mètres. L'incompétence du commandement finit par entraîner des mutineries. En novembre, Georges Clemenceau devient président du Conseil. Il lui revient de conduire le pays à la victoire.

3.

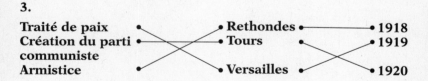

Traité de paix	Rethondes	1918
Création du parti communiste	Tours	1919
Armistice	Versailles	1920

L'armistice du 11 novembre 1918, à Rethondes (forêt de Compiègne) met enfin un terme aux combats. Après plusieurs mois de négociations, le traité de Versailles est signé le 28 juin 1919 (galerie des

Glaces du château de Versailles). Il restitue l'Alsace et la Lorraine à la France et déclare l'Allemagne unique responsable du conflit. À ce titre, elle devra verser des réparations. L'Europe, territorialement redessinée, doit désormais compter avec l'existence en Russie du régime bolchevique. En France, au sein du parti socialiste (SFIO), un débat s'organise pour savoir s'il convient ou non d'adhérer à la IIIe Internationale et d'accepter les vingt et une conditions posées par Moscou. Lors du congrès de Tours (25-30 décembre 1920), une forte majorité se dégage en faveur de l'adhésion : la Section française de l'Internationale communiste (SFIC) est créée.

4. D'une alliance entre radicaux et socialistes.

Le 15 juin 1924, Édouard Herriot, leader du Parti radical, prend la tête d'un ministère que les socialistes soutiennent sans y participer. Sa politique étrangère est marquée par l'apaisement dans les relations franco-allemandes et par la reconnaissance de l'État soviétique. Mais le Cartel échoue dans sa politique de laïcité : il ne parvient pas à imposer la séparation de l'Église et de l'État en Alsace-Lorraine ; il échoue surtout sur la question financière. Chute du franc, émigration des capitaux : face à ce qu'il nomme « un mur d'argent », Édouard Herriot doit démissionner.

5. Aristide Briand.

Ancien socialiste, plusieurs fois président du Conseil avant, pendant et après la guerre, Aristide Briand reste d'abord dans l'histoire comme « l'apôtre de la paix ». Avec le chancelier Stresemann, il est l'artisan du rapprochement franco-allemand, scellé par l'entrée de l'Allemagne dans la Société des Nations en 1926. Sa volonté de mettre « la guerre hors la loi » est couronnée par le pacte Briand-Kellogg « de renonciation générale à la guerre », signé par près de soixante pays.

Né en Lorraine en 1860, Raymond Poincaré est président du Conseil en 1912 ; l'année suivante, il est président de la République. Après la guerre, il dirige le gouvernement qui fait occuper la Ruhr dans le but de contraindre les Allemands à payer les réparations. Il dirige enfin le cabinet d'union nationale qui procède à la dévaluation du franc en 1928 (franc Poincaré).

6. L'Exposition coloniale de 1931.

Sise dans le bois de Vincennes, cette exposition célèbre l'aventure coloniale de la France. Selon son instigateur, le maréchal Lyautey, elle doit montrer « dans un pittoresque et saisissant raccourci la prodigieuse activité de notre Empire d'Outre-Mer ». Il ajoute :

« Venir à l'Exposition est un devoir. » La manifestation entend à la fois instruire et séduire : ont été reconstituées les pagodes du Laos comme la porte de Bab el-Mansour de Meknès.

7. a. Il s'agit des Camelots du roi.

La France des années 1930, comme le reste du monde, connaît la crise. La situation sociale se détériore, la confiance dans les hommes politiques se lézarde, d'autant plus qu'éclatent des scandales – en particulier l'affaire Stavisky. C'est dans ce contexte que se développent les ligues, organisations de masse qui entendent agir en marge des partis. Elles paradent dans les rues en uniforme, à l'instar des formations paramilitaires allemandes ou italiennes. Les unes sont d'inspiration conservatrice, voire royaliste, d'autres réclament un exécutif autoritaire. Certaines sont tentées par le putsch, d'autres rechignent à sortir du légalisme. Ces divergences expliquent sans doute que la journée du 6 février 1934, lors de laquelle groupes et ligues d'extrême droite ont convergé place de la Concorde, face au Palais-Bourbon, ait finalement tourné court. Mais l'émeute aura officiellement fait quinze morts.

8. Deux semaines.

Aux élections d'avril-mai 1936, communistes, socialistes, radicaux, qui ont présenté leurs candidats sous les couleurs du Front populaire, remportent la majorité. Un gigantesque mouvement social gagne l'ensemble du pays. Le ministère Blum, à peine constitué, réunit à l'hôtel Matignon les délégués du patronat et de la CGT. La négociation aboutit dans la nuit du 7 au 8 juin : augmentation des salaires de 7 à 15 %, contrats collectifs de travail, élections de délégués du personnel dans les entreprises, liberté syndicale ; les usines devront être évacuées par les ouvriers qui les avaient occupées. Suit très vite le vote de lois qui ancreront pour longtemps 1936 dans la mémoire collective, comme la limitation à quarante heures de la semaine de travail ou les deux semaines de congés payés. Quelles que soient les lourdes difficultés économiques et financières auxquelles il s'est trouvé confronté, le Front populaire marque un moment fort de l'histoire ouvrière et de l'histoire de la gauche.

9. a. Pétain (17 juin 1940) ; b. De Gaulle (18 juin 1940).

À Munich (30 septembre 1938), la France et la Grande-Bretagne avaient entériné le dépeçage de la Tchécoslovaquie. Lorsque Hitler envahit la Pologne, elles se décident à déclarer la guerre à l'Allemagne le 3 septembre 1939. Pendant plusieurs mois, c'est la drôle de guerre : pas de combats, seulement une longue attente qui a raison du moral des troupes. Vient mai 1940 et la débâcle. Le 17 juin, Pétain annonce qu'il fait « à la France le don de [sa] personne pour atténuer son malheur » et appelle à « cesser le combat ». L'armistice interviendra le 22. Dès le 18 juin, à Londres, le général de Gaulle a lancé son célèbre appel, que peu de Français ont pu entendre ce jour-là – c'est alors l'exode – mais que chacun pourra découvrir dans les jours et les semaines qui suivront.

10. La « Révolution nationale ».

La République cède la place à l'« État français » ; à la devise Liberté, Égalité, Fraternité est substituée la formule « Travail, Famille, Patrie », socle de la « Révolution nationale ». Pétain affirme que celle-ci assurera le redressement d'un pays voué dans les malheurs présents à expier les fautes d'hier. Vichy a ses ennemis déclarés : les juifs (les deux statuts d'octobre 1940 et juin 1941 les définissent à la fois racialement et religieusement et les excluent de nombreuses professions), les francs-maçons, les étrangers, les parlementaires. Une idéologie réactionnaire, pour ne pas dire passéiste, oppose au monde de la ville et de l'usine celui de la terre et de l'artisanat.

11. Faux.

Quelques jours après son entrevue à Montoire avec Hitler (24 octobre 1940), Pétain annonce qu'il entre « dans la voie de la collaboration avec l'Allemagne ». Cette politique, mise en œuvre alternativement par Laval et Darlan, se traduit par des concessions administratives, économiques et militaires. Les compensations obtenues par Vichy sont bien maigres et ne justifient en rien les compromissions honteuses (ainsi de l'arrestation de plus de treize mille juifs par des policiers français lors de la rafle du Vél d'Hiv des 16 et 17 juillet 1942). Après l'invasion de la zone sud par l'armée allemande (novembre 1942), la collaboration ne peut même plus se justifier par le maintien d'un semblant de souveraineté française. Vichy ne fait plus que céder aux exigences de l'occupant, en organisant le recrutement des travailleurs français à destination de l'Allemagne (Service du travail obligatoire – STO). Et bientôt, la Milice de Darnand, en lien direct avec l'ennemi, traque les résistants. En définitive, la collaboration aura essentiellement profité à l'Allemagne, lui permettant une occupation plus facile, plus sûre et à moindres frais.

12. Jean Moulin et Georges Bidault.

La Résistance est infiniment diverse. Diverse dans ses modalités d'action (propagande, sabotage, organisation de filières d'évasion) comme dans les orientations politiques des hommes et des femmes qui composent cette « armée des ombres » : les uns sont démocrates-chrétiens, d'autres sont communistes ou socialistes, tandis qu'à Londres se constitue un premier noyau de gaullistes. Il apparaît nécessaire de fédérer les différents mouvements, de coordonner l'action des réseaux. Telle est la mission assignée par le général de Gaulle à un ancien préfet radical, Jean Moulin. À la fin du mois de mai 1943, il présidera à la fondation du Conseil national de la Résistance (CNR), qui rassemble à la fois les principaux mouvements de Résistance, les différentes « tendances politiques » et deux syndicats (CFTC et CGT). Après l'arrestation de Jean Moulin, la présidence du CNR échoit à Georges Bidault.

13

Libération, refondation, expansion

La France contemporaine (de 1944 à nos jours)

Nous sommes nombreux, à présent, à pouvoir nous souvenir... Nous souvenir de la 4 CV et de la DS, du verre de lait à l'école et du salon des Arts ménagers ; du « Je vous ai compris » du général de Gaulle ou de son « Vive le Québec libre » ; d'un mois de mai agité, d'un autre mois de mai à la Bastille ; du tournant de la « rigueur », de la « cohabitation », de la « fracture sociale ». La Vᵉ République a bientôt cinquante ans ; elle a d'ores et déjà connu cinq présidents. Tous ont cherché à assumer, avec plus ou moins de bonheur, cette délicate exigence : faire exister la France sur le plan international, en évitant que le discours sur la grandeur ne tourne à l'incantation.

1. « Paris ! Paris outragé ! Paris brisé ! Paris martyrisé ! mais Paris libéré ! » Ce fameux discours du général de Gaulle, le 25 août 1944, a été prononcé :
   ❑ sur les Champs-Élysées
   ❑ à l'Hôtel de Ville
   ❑ sur le parvis de Notre-Dame

2. Le 13 octobre 1946, par référendum, une question est soumise au vote des Français. Ils doivent se prononcer sur :
   ❑ un projet de Constitution   ❑ le droit de vote des femmes

3. En 1954, s'achève la guerre d'Indochine.
   a. Les accords du 21 juillet ont été signés :
   ❑ à Paris   ❑ dans la baie d'Along   ❑ à Genève

b. Sous quel gouvernement ?
❏ Pierre Mendès France ❏ Edgar Faure

4. « Le premier des Français est désormais le premier en France. » Ces mots ont été prononcés par le président de la République sortant pour saluer l'entrée du général de Gaulle à l'Élysée en janvier 1959. Il s'agit de :
❏ Vincent Auriol ❏ René Coty

5. Complétez cette boutade du général de Gaulle : « Au fond, vous savez, mon seul rival international, c'est .... ! Nous sommes les petits qui ne se laissent pas avoir par les grands. »
❏ Astérix ❏ Tintin

6. Lors des élections présidentielles de 1965, le général de Gaulle est mis en ballottage par :
❏ François Mitterrand ❏ Gaston Defferre ❏ Jean Lecanuet

7. Voici quatre slogans de mai 1968 restés dans les mémoires. Saurez-vous, dans les propositions suivantes, retrouver le bon mot ?
a. « Il est interdit d'obéir/d'interdire. »
b. « Le rêve est réalité/désir. »
c. « Soyons réalistes, demandons tout/l'impossible. »
d. « Cours/marche, camarade, le vieux monde est derrière toi. »

8. Avant de devenir président de la République, il écrivit une anthologie de la poésie française et fut banquier. Il s'agit de :
❏ Georges Pompidou ❏ Valéry Giscard d'Estaing

9. Saurez-vous remettre dans l'ordre chronologique les gouvernements qui se sont succédé lors des deux mandats de François Mitterrand ?
Michel Rocard – Laurent Fabius – Édouard Balladur – Pierre Mauroy – Jacques Chirac – Édith Cresson – Pierre Bérégovoy.

10. Jacques Chirac est élu président de la République en 1995.
a. En 1997, il dissout l'Assemblée : est-ce la première fois qu'une dissolution intervient sous la Ve République ?
b. Lors du référendum du 29 mai 2005, les Français doivent répondre à cette question : « Approuvez-vous le projet de loi qui autorise la ratification du traité établissant une Constitution

pour l'Europe ? » Vous rappelez-vous les résultats de cette consultation ? Tracez les bons liens :

Oui •   • 30,66 %
Non •   • 45,32 %
Abstention •   • 54,68 %

Réponses

1. À l'Hôtel de Ville.
En deux jours, de Gaulle s'impose comme le chef naturel de la France libérée. La descente des Champs-Élysées s'offre en effet comme une manière de sacre, au lendemain du discours de l'Hôtel de Ville (25 et 26 août). Pour le chef du Gouvernement provisoire, la tâche est lourde. Il faut restaurer l'autorité de l'État, maintenir l'ordre en empêchant tout débordement révolutionnaire et orchestrer l'épuration ; il faut aussi procéder aux réformes de structure (nationalisations, création de la Sécurité sociale). Les élections législatives d'octobre 1945 donnent les trois quarts des suffrages à trois partis politiques : le PCF, la SFIO et le MRP (Mouvement républicain populaire, démocrate-chrétien). Quelques mois plus tard, le général de Gaulle, dans l'impossibilité de faire prévaloir sa conception du pouvoir, préfère démissionner (janvier 1946).

2. Un projet de Constitution.
36 % de « oui » contre 31,2 % de « non » : les Français n'adoptent que fort timidement les institutions de la IVe République. Le jeu politique, marqué par les incessantes tractations entre partis, une forte instabilité ministérielle, des crises récurrentes, va achever de discréditer ce régime. La France des années 1950 n'affronte pas seulement la douloureuse question de la décolonisation, à l'heure de la guerre froide qui sans cesse aiguise les tensions. Elle doit aussi reconstruire son économie, travailler à sa modernisation. Deux traits dominent la période : une coopération internationale orchestrée dans le cadre de l'aide américaine (plan Marshall) ; une forte impulsion de l'État qui définit des objectifs (plan Monnet).
L'égalité politique des sexes a été décrétée dès 1944 à Alger et les femmes ont voté aux élections législatives d'octobre 1945.

3. a. à Genève ; b. Pierre Mendès France.
La guerre d'Indochine dure depuis plus de sept ans. À la suite de la défaite de Diên Biên Phu (7 mai 1954), Pierre Mendès France devient président du Conseil : il s'engage à démissionner s'il ne parvient pas à trouver dans un délai d'un mois une issue au problème indochinois. C'est chose faite dans la nuit du 20 au 21 juillet : les accords de Genève consacrent provisoirement la partition du pays. Dix jours plus tard, le discours de Carthage, qui reconnaît l'autonomie interne de la Tunisie, restaure le calme et prélude à l'indépendance qui interviendra, comme au

Maroc, en 1956. Mais le 1er novembre 1954, une série d'attentats est perpétrée en Algérie. Commence une longue guerre qui entraînera la chute de la IVe République.

4. René Coty.

C'est la question algérienne qui permet au général de Gaulle d'effectuer son retour sur la scène politique. Dans les jours qui suivent la manifestation du 13 mai 1958 à Alger, il témoigne d'un grand sens tactique : le 1er juin, il est investi de la présidence du Conseil. Le 3 juin, il se voit reconnaître les pleins pouvoirs pour six mois ; lui est simultanément confiée la tâche d'élaborer une nouvelle Constitution. Quelques mois suffisent à jeter les bases du nouveau régime voté par 80 % des Français et, en janvier 1959, le général de Gaulle entre à l'Élysée. Il faudra beaucoup plus de temps pour que cessent les équivoques sur la question algérienne et que la guerre trouve une issue.

5. Tintin.

« Indépendance », ce maître mot de la diplomatie gaullienne fonde des choix essentiels pour la France : celui de doter le pays de l'arme nucléaire ; celui de retirer la France du commandement militaire intégré de l'OTAN ; ou encore celui de remettre en cause l'intervention américaine au Vietnam (déclaration de Phnom Penh). Simultanément, le général de Gaulle œuvre à la détente vis-à-vis du bloc de l'est (Khrouchtchev est reçu à l'Élysée) ; il travaille avec le chancelier Adenauer au rapprochement franco-allemand ; mais il se montre réticent vis-à-vis de l'intégration européenne, même s'il en comprend les avantages économiques.

6. François Mitterrand.

La première moitié des années 1960 n'a pas été exempte de mouvements sociaux (grève des mineurs de 1963) ; elle a connu aussi des batailles politiques (référendum sur l'élection du président de la République au suffrage universel en octobre 1962, élections législatives après dissolution en novembre). Pour autant, l'autorité du général de Gaulle apparaissait solide, fondée sur une majorité stable. Les élections présidentielles de 1965 témoignent d'une certaine usure, puisque François Mitterrand parvient à rassembler sur son nom près de 45 % des suffrages au second tour. Deux ans plus tard, la majorité ne l'emporte que d'un siège aux élections législatives.

7. « Il est interdit d'interdire » ; « Le rêve est réalité » ; « Soyons réalistes, demandons l'impossible » ; « Cours, camarade, le vieux monde est derrière toi ».

La crise de mai-juin 1968 est d'abord une révolte étudiante, ponctuée de moments forts (« nuit des barricades », occupation de la Sorbonne et du théâtre de l'Odéon, manifestation du 13 mai depuis la République jusqu'à Denfert-Rochereau), un « marathon de la parole » (Raymond Aron) avec ses slogans percutants. Mai-juin 1968 est ensuite un gigantesque mouvement social qui tourne à la grève générale. Le Premier ministre Georges Pompidou tente de résoudre ce conflit par la négociation, mais les accords de Grenelle, qui accordent de substantielles augmentations de salaires, sont repoussés par la base. Le pouvoir politique reprend la main le 30 mai 1968, avec l'allocution radiophonique du général de Gaulle. Elle est aussitôt suivie par ce qui fut en définitive la plus grande manifestation du mois de mai : de la Concorde à l'Étoile marchent les partisans du retour à l'ordre. Les 23 et 30 juin, la droite emporte les élections législatives. L'épilogue ne viendra que quelques mois plus tard : le général de Gaulle démissionne après le rejet d'un référendum sur la création des régions et la réforme du Sénat.

8. Georges Pompidou.

Georges Pompidou est bien l'homme de la modernisation industrielle ; il l'a lancée comme Premier ministre (1962-1968), il la poursuit comme président à partir de 1969. Le Concorde a orné sa campagne électorale, il travaille à l'équipement du pays en infrastructures routières et autoroutières, tout en engageant une politique pétrolière et en encourageant la recherche technologique ou les fusions d'entreprises. Il crée un secrétariat d'État aux petites et moyennes entreprises, mène une politique d'aménagement du territoire, multiplie les grands chantiers.

Valéry Giscard d'Estaing, longtemps ministre de l'Économie et des Finances, lui succède à la présidence de la République en 1974. L'homme est jeune (quarante-huit ans) ; il appartient à la droite libérale non gaulliste. Et il entend marquer un changement en phase avec les aspirations d'une bonne partie du corps social : la majorité légale est abaissée à dix-huit ans ; le divorce par consentement mutuel est admis ; la loi Veil rend licite l'interruption volontaire de grossesse, cependant qu'une loi supprime l'autorisation parentale pour les mineures désirant prendre la pilule. Mais le septennat de Valéry Giscard d'Estaing coïncide avec les conséquences des deux chocs pétroliers. La France découvre la stagflation (conjugaison du ralentissement de la croissance – stagnation – et de l'inflation).

9. Pierre Mauroy (1981-1984) ; Laurent Fabius (1984-1986) ; Jacques Chirac (1986-1988) ; Michel Rocard (1988-1991) ; Édith Cresson (1991-1992) ; Pierre Bérégovoy (1992-1993) ; Édouard Balladur (1993-1995).

La gauche a dû attendre vingt-trois ans pour accéder au pouvoir en 1981. L'artisan de cette lente conquête est François Mitterrand. En 1971, il s'empare de la direction du Parti socialiste à l'occasion du congrès d'Épinay : sa stratégie consiste à définir avec le Parti communiste un programme commun de gouvernement, qui est signé l'année suivante. Avec l'élection de François Mitterrand à la présidence, les Français découvrent l'alternance sous la Ve République. De nombreuses réformes sont engagées : outre la mise en œuvre du programme de nationalisations, la semaine de 39 heures, la cinquième semaine de congés payés, les lois Auroux sur le droit du travail, la retraite à soixante ans, les lois Defferre sur la décentralisation ou bien l'abolition de la peine de mort à l'instigation de Robert Badinter. L'aggravation de la balance commerciale impose cependant bientôt le tournant de la « rigueur ». Demeure surtout la question majeure et obsédante : celle du chômage à laquelle se heurtent désormais tous les gouvernements, de gauche ou de droite. Nul doute que leur échec à la résoudre, en trahissant une certaine impuissance des partis de gouvernement, n'ait fortifié les populismes, singulièrement celui du Front national : lors de l'élection présidentielle de 2002, Jean-Marie Le Pen obtient plus de voix que Lionel Jospin et accède au second tour.

10. a. Non, la cinquième fois (1962, 1968, 1981, 1988 et 1997).
   b. Les résultats du référendum sont :

Oui	**30,66 %**
Non	**45,32 %**
Abstention	**54,68 %**

Jacques Chirac a inauguré les années de cohabitation en devenant le Premier ministre de François Mitterrand en 1986. Il revit ensuite cette expérience politique comme président de la République, à l'occasion d'une dissolution ratée qui offre à la gauche les clés du gouvernement (gouvernement Jospin, 1997-2002). Un septennat puis un quinquennat : de ces douze années, le bilan est sans doute contrasté. Les déclarations fortes de la France à l'occasion de la guerre en Irak auront peut-être suscité des sympathies dans le monde à l'égard du « vieux pays », mais il n'est pas certain que ce dernier en retire de substantiels bénéfices en termes d'influence ; l'« eurosceptique » transfiguré en européen résolu aura pour sa part échoué à convaincre l'électorat, en mai 2005, de voter la Constitution préparée par Valéry Giscard d'Estaing.

813

Composition Nord compo
Achevé d'imprimer en France par Aubin
en juin 2009 pour le compte de E.J.L.
87, quai Panhard-et-Levassor, 75013 Paris
Dépôt légal juin 2009
1er dépôt légal dans la collection : mars 2007
EAN 9782290002100

Diffusion France et étranger : Flammarion